PHILIPP MEYER

Gott macht unruhig

PHILIPP MEYER

Gott
macht unruhig

Die Dynamik meines Glaubens

Mit einem Vorwort von
Rainer Maria Kardinal Woelki

HERDER

FREIBURG · BASEL · WIEN

September 2020

Meinen Laacher Mitbrüdern und allen,
die Gott suchen und nach ihm fragen.

MIX
Papier aus verantwor-
tungsvollen Quellen
FSC
www.fsc.org   **FSC® C014496**

Originalausgabe

© Verlag Herder GmbH, Freiburg im Breisgau 2020
Alle Rechte vorbehalten
www.herder.de

Die Bibeltexte sind entnommen aus:
Die Bibel. Die Heilige Schrift
des Alten und Neuen Bundes.
Vollständige deutsche Ausgabe
© Verlag Herder, Freiburg im Breisgau 2005

DIE BIBEL

Satz: Daniel Förster, Belgern
Herstellung: GGP Media GmbH, Pößneck

Printed in Germany

ISBN Print 978-3-451-38621-3
ISBN E-Book 978-3-451-81967-4

Inhalt

Vorwort von
Rainer Maria Kardinal Woelki

Ruhestörung gilt in Deutschland als Ordnungswidrigkeit. Nach geltendem Recht kann sie empfindliche Sanktionen nach sich ziehen, die in Geldstrafen oder gegebenenfalls sogar in Freiheitsstrafen bis zu fünf Jahren bestehen (§ 325a StGB). Begründet wird dies damit, dass Lärm je nach seiner Intensität dazu angetan ist, »die Gesundheit eines anderen« (Abs. 1) oder dessen Hab und Gut (Abs. 2) zu schädigen.

Allerdings kennen wir auch eine positive, gesunde Unruhe. »Wer rastet, der rostet«, sagt der Volksmund. Und in der Tat ist der Mangel an Bewegung heute eine Volkskrankheit, die gemäß einer aktuellen Studie mehr als die Hälfte aller Bundesbürger betrifft. Schließlich gibt es noch eine Unruhe, die nicht nur gesund, sondern sogar buchstäblich heilsam ist. Der Brief an die Hebräer erblickt diese in den Aufbrüchen großer alttestamentlicher Glaubensgestalten wie Abraham, Isaak und Jakob. Er interpretiert sie dahingehend, dass die Patriarchen auf ihren Wegen letztendlich nicht nach einem irdischen Ziel strebten, sondern »nach einer besseren Heimat, das heißt nach der himmlischen« (11,16).

Eine solche heilsame Unruhe verordnet uns P. Philipp, Mönch der Benediktinerabtei Maria Laach und Autor des hier vorgelegten Buchs *Gott macht unruhig*. Freilich will er uns gerade nicht nervös oder besorgt zurücklassen; ihm geht es vielmehr darum zu zeigen, »dass Liebe immer Bewegung ist«, wie er selbst in seinem Vorwort schreibt. Dabei stellt er uns Gott nicht als den Fernen vor Augen, als metaphysisches Prinzip, als unbewegten Beweger oder als Primärursache, welche die Sekundärursachen zum Handeln ermächtigt. Wir begegnen in P. Philipps Zeilen (um es mit Blaise Pascals *Mémorial* zu formulieren) nicht in erster Linie dem »Gott der Philosophen und Gelehrten«, sondern dem »Gott Abrahams, Gott Isaaks, Gott Jakobs«, der weniger Gegenstand geruhsamer Spekulationen ist als »Feuer«, das brennt und uns entflammen will.

Das Zweite Vatikanische Konzil bekennt, dass Christus uns »mit einem menschlichen Herzen geliebt« hat (*Gaudium et spes* 22). Dazu passt die Tiefe und Breite, in der P. Philipp den Begriff des Herzens aufgreift, erläutert und um den Aspekt der Liebe und Zuneigung erweitert, der uns heute vertraut erscheint und auch der Vorstellungswelt der Bibel nicht völlig fremd ist, schwerpunktmäßig jedoch der altgriechischen Poetik entspringt. Von diesem Punkt aus eröffnet sich der Weg des lebendigen Miteinanders, der uns Menschen an der Hand Christi, des Ebenbildes Gottes, zum Quell des Lebens führt – und letztlich sogar selbst dazu macht.

»Herr, segne uns und alle Menschen, die auf der Suche nach dir sind.« Mit diesen Worten endet ein Gebet Benedikts XVI., das P. Philipp in diesem Buch meditiert. So wird diese Bitte folgerichtig auch zur Überschrift des siebten und letzten Kapitels. Damit schließt sich in gewisser Weise ein Kreis, der durch den Buchtitel eröffnet wurde. *Gott macht unruhig*: Damit lässt der Verfasser bewusst ein Zitat des heiligen Augustinus anklingen. »Du selbst veranlasst, dass es Freude bereitet, dich zu loben, denn du hast uns auf dich hin geschaffen, und unruhig ist unser Herz, bis es ruht in dir«, schreibt dieser zu Beginn seiner *Bekenntnisse*. Und tatsächlich ist es kein Privileg hehrer Glaubenszeugen, sich nach Gott auszustrecken. Als Erzbischof von Köln verweise ich gerne auf die Heiligen Drei Könige, die ja nicht dem Gottesvolk Israel angehörten. Und doch hörten sie auf ihre innere Unruhe, folgten dem in die menschlichen Herzen eingepflanzten Sehnen und Streben nach Gott. Nur in ihm werden wir nach all der rastlosen, aber auch heilsamen Unruhe unseres Lebens endlich die ewige Ruhe finden, die wir allein in unserer wahren Heimat erlangen können.

Ich wünsche dem hier vorgelegten Werk, dass es viele interessierte Leser findet, deren Herz offensteht und brennt, sodass sie sich mitnehmen lassen auf den manchmal mühsamen, oft spannenden, immer aber lohnenden Weg zu Gott.

Rainer Maria Kardinal Woelki
Erzbischof von Köln

Vorwort

Ich bin beunruhigt. Ja, so kann man es ausdrücken. Vieles in der heutigen Zeit, in der aktuellen Lage unserer Gesellschaft und vor allem auch der Kirche beunruhigt mich. Und ich glaube, damit stehe ich nicht allein da. Ich bin beunruhigt über das, was im Fokus steht und was aus dem Fokus herausfällt. Was Schlagzeilen macht und was in der Öffentlichkeit keine Rolle spielt. Vieles in der heutigen Zeit beunruhigt mich – und doch bin ich kein Reaktionär. Bin ich konservativ? Bin ich progressiv? Manchmal neige ich eher zu der einen, dann wieder zu der anderen Seite, vor allem aber ärgert mich jeweils die eine oder die andere Seite durch radikale Meinungen oder durch polarisierende Stellungnahmen und Personen. Und dann erwische ich mich bei der Frage, was eigentlich bei mir selbst im Fokus steht, in meinem Leben, in meinem Glaubensleben. Mir fällt ein Wort des heiligen Benedikt ein, nach dessen Ordensregel ich lebe. Er spricht davon, dass man, wenn ein junger Mann ins Kloster eintreten möchte, zuerst prüfen soll, ob er wirklich Gott sucht (RB 58). Als Benediktiner muss ich mich also fragen: Suche ich Gott? Sucht meine Gemeinschaft Gott? Und suchen die Menschen in den Pfarreien Gott, die Kirche in unserem Land und auf dieser Welt? Manchmal finde ich die Formen der Gottsuche jedenfalls ziemlich abstrus, zumindest so, wie sie in der Öffentlichkeit erscheinen oder sich darstellen. Sind wir noch eine Kirche oder schon eine Partei? Von den internen Kämpfen, die ich erlebe, im Kleinen wie im Großen, fühle ich mich oftmals viel eher an die Politik erinnert als an das, was kirchliche Gemeinschaft sein soll. Natürlich ist in der Apostelgeschichte davon die Rede, dass die Gemeinde ein Herz und eine Seele war (vgl. Apg 4,32). Diese Situation sollte auch immer das letzte Ziel kirchlicher Gemeinschaft darstellen, weil sie von Gott her gedacht ist, der in sich Gemeinschaft, Kommunikation und Zuwendung ist. Er kommuniziert sich in unsere Gemeinschaften hinein, spricht zu uns das Wort des Lebens, damit wir es einander weitersagen. Nicht von ungefähr sagt Jesus: »Denn wo zwei oder drei in meinem Namen versammelt sind, da bin ich mitten unter ihnen« (Mt 18,20). Doch viel öfter als von Einmütigkeit ist in der Bibel ehrlicherweise vom Ringen und Suchen nach Überzeugungen und Ansichten, nach Konsens und einem gemeinsamen Weg die Rede, dann und wann sogar von Streit. Ich glaube, das hat sich bis heute auch nicht verändert. Doch wie kommunizieren wir dieses Ringen, auch das Streiten über die Möglichkeiten, einen gemeinsamen Weg zu finden?

Was ist eigentlich die primäre Aufgabe der Kirche und wodurch wird diese deutlich? In einem großen Werk über den Heiligen Geist beschreibt der Kapuziner und Prediger des Papstes Raniero Cantalamessa, dass eine Aufgabe der Kirche sei, sich die Aufgabe des *Parakleten*, des Tröster-Geistes zu eigen zu machen und den Trost, den Gott seiner Kirche durch die Ausgießung des Heiligen Geistes schenkt, weiterzugeben an die Menschen.[1] So wie Jesus durch sein Leben das Handeln Gottes an der Welt konkret umsetzte, so sind wir berufen, unsere Köpfe und Hände und Füße dem Geist als Werkzeuge anzubieten. Doch wie oft versagen wir ihm unsere Mitarbeit? Auch Jesus kannte das schon. Im Garten Getsemani bat er seine Jünger nur um ein wenig Trost, ein wenig Beistand, ein wenig Gebet, sie aber schliefen immer wieder ein (vgl. Mt 26,36–46). Jesus weinte, und es ist ja auch zum Weinen – und eine Realität bis zum heutigen Tag. Es ist doch schlimm, dass Jesus Trost suchte und dieser ihm durch seine engsten Freunde verweigert wurde; schlimm auch, wenn Menschen Vertrauen in die Kirche setzen, in die Kompetenz von Christinnen und Christen, und so oft bittere Enttäuschung und sogar Verletzung und Erniedrigung erfahren haben. So oft haben die Jüngerinnen und Jünger Jesu sich dessen Geist verweigert und ihre Köpfe, Hände und Füße nicht ihm zur Verfügung gestellt, sondern für sich behalten und ihm entzogen und vergessen, es Jesus gleichzutun und zu trösten, zu heilen und zu retten, was verloren ist (vgl. Lk 19,10).

Und worauf liegt der Fokus der Kirche in der Wahrnehmung des öffentlichen Lebens heute? Die immer wieder so unwahrscheinlich brandaktuellen Themen wie die Ehe für wen und mit wem auch immer, der kirchliche Umgang mit geschiedenen und wiederverheirateten Menschen und ihrer Sehnsucht nach der Kommunion, das Frauenpriestertum oder der Zölibat sind Themen, die in der Gesellschaft und somit auch in der Mitte der Kirche verankert sind, das kann ich gut einsehen – wobei ich den Eindruck habe, dass über dieses Thema viel mehr Menschen sprechen, die nicht den kirchlichen Pflichtzölibat leben, als Menschen, die den Zölibat versprochen haben. Was aber vernachlässigt wird, ist eine Betrachtung dieser Themen vom Evangelium her. Es fehlt oft die Basis des Glaubens, oder das Evangelium wird einseitig oder gar ideologisch betrachtet und für die jeweils nötige Grundlegung der eigenen These ausgeschlachtet. Auch wird sehr schnell auf die Barmherzigkeit Gottes rekurriert, um die persönlichen Lebens- und Glaubensumstände biblisch zu legitimieren, oft weit ab von der persönlichen Verantwortungsübernahme vor Gott und sich selbst. Ich beobachte, dass viele Menschen deshalb nicht mehr mit dem mithalten können, was die Kirche sagt, weil sie schlicht und einfach nicht mehr wissen, was Jesus sagt – und das gilt auch für viele Menschen innerhalb der Kirche, auch unter den sehr engagierten und beruflich tätigen Christinnen und Christen und auch unter Priestern und Ordensleuten.

Davon ganz abgesehen werfen diese Fragen natürlich auch ein Licht auf das *Wie* heutiger Verkündigung, die sich oft in Extremen bewegt, anstatt da, wo Jesus sie gewollt hat, also nah beim Menschen, in aller Klarheit und Deutlichkeit – Jesus nimmt an keiner Stelle ein Blatt vor den Mund. Wäre es nicht vielmehr die Aufgabe der Kirche, das zu verkünden, was Jesus sagt (und da, wo er es sagt, eben bei den Menschen), und nicht einfach nur das aufzugreifen, was die Politik oder die Gesellschaft gerade bewegt? Ich will nicht nur klagen, das steht mir nicht zu und ich glaube auch, dass es nicht hilfreich ist. Ich stelle nur Fragen und suche für mich nach Antworten auf die Themen, die mich und die Menschen um mich herum bewegen – denn auch ein Mönch kennt »normale Leute«.

Ich bin dankbar für Orte und Personen, mit denen ich meine Fragen und das, was mich beunruhigt, besprechen kann. Vor allem bin ich aber dankbar für eine Person, mit der ich die Themen des Lebens, die natürlich auch meine Themen sind, durchbeten kann. Neue Gedanken und manchmal auch Antworten finde ich vor allem bei dem, dem ich als Mönch und Priester mein Leben versprochen habe, mit dem ich meinen Weg gemeinsam gehe, um ihn ringe – und mit dem ich ihn auch immer wieder neu suchen kann. Auf dieser Suche und auf meinem Weg fiel mir vor einiger Zeit ein Gebet in die Hände, das der damalige Papst Benedikt XVI. aus Anlass seines 60-jährigen Priesterjubiläums 2011 verfasst hat.

»Herr Jesus Christus, wir danken dir, dass du uns dein Herz geöffnet hast. Durch deinen Tod und deine Auferstehung bist du zur Quelle des Lebens geworden. Hilf uns, lebendige Menschen zu sein, die aus deiner Quelle schöpfen. Schenke uns die Gnade, dass auch wir selbst zur Quelle werden, um unserer Zeit Wasser des Lebens zu geben. Wir danken dir für die Gnade des priesterlichen Dienstes. Herr, segne uns und alle Menschen, die auf der Suche nach dir sind. Amen.«

Dieses Gebet bewegt mich tief, weil es mich im Herzen anspricht und ich mich damit geistlich identifizieren kann. Vor allem beeindruckt es mich aber, dass ein Papst dieses Gebet formuliert hat, der in seinem Dienst nun wahrlich viele Probleme hatte, viele Probleme kannte und dem ein großer Teil der Sorge für die Kirche aufgetragen war. Er wälzt in diesem Gebet nicht die Probleme, macht Politik oder hält einen gesellschaftlichen Diskurs. Er stellt Jesus in die Mitte seines Tuns und seiner Gedanken und tut damit etwas, das wir alle machen sollten, wenn wir den Willen Jesu tun wollen oder wenigstens nach diesem fragen. Dieses Gebet soll der Ausgangspunkt meiner Gedanken sein: Was heißt es, an die Quelle zu gehen, und wie kann ich sie finden? Kann ich selbst zu einem Hinweisschild werden, das anderen Menschen die Richtung zur wahren Quelle zeigt, die Jesus Christus ist? Ich finde es großartig, dass Jesus uns nicht nur einlädt, zu ihm zu kommen, sondern uns gleichzeitig auch zutraut, für andere zur Quelle zu werden und zu Wegweisern, um zu ihm zu finden. Wir sind alle gemeinsam unterwegs und können uns auch gegenseitig stützen und begleiten auf dem Weg mit dem Herrn.

Der heilige Hieronymus hat einmal gesagt, dass, wer die Bibel nicht kennt, Christus nicht kennen kann. Darum möchte ich der Bibel und ihren Personen und Erzählungen Raum geben, denn sie ist der wichtigste Weg, der uns zu Jesus Christus und damit zu Gott, dem Vater, führt. Jesus hat seinen Jüngern vor seinem Leiden den Heiligen Geist verheißen (vgl. Joh 16,7) und versprochen, dass dieser ein Beistand für sie und für alle Menschen ist, der uns niemals allein lassen wird; Jesu Geist ist zu uns gekommen, und zwar gewaltig, wie es die Apostelgeschichte beschreibt (vgl. Apg 2,1–13). Wir sollten also als pfingstliche, als geisterfüllte Menschen leben. Darum müsste das Pfingstfest heute für die Kirche eigentlich immer wichtiger werden, der Heilige Geist sollte einen ganz anderen Stellenwert in der Kirche haben. Oft habe ich den Eindruck, dass wir den Heiligen Geist nur an Pfingsten kurz aus der Schublade holen und hinterher möglichst schnell wieder ignorieren, weil wir nicht so recht etwas mit ihm anfangen können. Doch Jesus hat uns seinen Geist geschenkt, damit er wirkt. Diesem Wirken möchte ich nachgehen, denn die Frage nach dem Heiligen Geist treibt mich um auf meinem geistlichen Weg.

Mir in meinem kleinen Leben und der Kirche in ihrer weltweiten Größe wünsche ich den Heiligen Geist, damit er uns jeden Tag erfülle mit seinen Gaben, seinen Charismen, seinem Feuer und seiner Liebe, damit wir erkennen, dass und wofür seine Gnade in uns ausgegossen ist (vgl. Röm 5,5). Dieses Feuer ist es, das uns antreibt, den Weg hinter Jesus herzugehen und ihm zu folgen, so gut wir es eben können. Bei allen Höhen und Tiefen kann ich sagen, dass ich diesen Weg liebe! Ich möchte also etwas über die Grundlage meines Suchens erzählen, die mein Leben ausmacht und immer wieder an Punkte führt, an denen sich Beunruhigung zu lösen beginnt und ich ein Stück mehr Klarheit bekomme.

Auch wenn die babylonische Sprachverwirrung (vgl. Gen 11,1–9) durch das Pfingstwunder (vgl. Apg 2,1–13) überwunden und durch Gottes Geist wiedergutgemacht worden ist, bleiben Fragen im Hinblick auf das Geheimnis des Glaubens. Fragen dürfen sein, auch wenn wir damit leben müssen, dass das Geheimnis Geheimnis bleibt und Fragen in diesem Leben womöglich unbeantwortet bleiben. Doch ich bin mir sicher, dass Klarheit wenn überhaupt nur auf dem Weg in Richtung Gott und nie in der entgegengesetzten Richtung zu finden ist.

In Bezug auf seine Mönche schreibt der heilige Benedikt, dass alles, was auch in einem Kloster an Unruhe und Irregularitäten auftreten kann, nur durch Christus und auf ihn hin gelöst werden kann. Das ist keine Theologie, die am Schreibtisch entstanden ist; vielmehr weiß Benedikt um den Menschen und das Leben in Gemeinschaft. Dabei ist es meines Erachtens egal, ob es um Menschen in einer Zweierbeziehung, in einer Klostergemeinschaft, in der Kirche oder in der Gesellschaft geht, insofern kann die Benediktusregel inspirierend für jede Gemeinschaftsform sein. Der heilige Benedikt wusste, wie nötig es ist, die Brüder immer wieder auf die Mitte hinzuweisen, die Christus ist. Er ist der allen gemeinsame Fokus, die eine gemeinsame Blickrichtung; seinetwegen und für ihn hat man sich schließlich als Individuum einer konkreten Gemeinschaft angeschlossen. Und für den Fall, dass der Fokus aus dem Blick gerät, dass das Individuum zum Individualisten wird und sich absondert, schreibt er am Ende seiner Regel eine Hilfestellung, um die innere Kompassnadel wieder einzuordnen: »Die Mönche sollen einander in gegenseitiger Achtung zuvorkommen; ihre körperlichen und charakterlichen Schwächen sollen sie mit unerschöpflicher Geduld ertragen; im gegenseitigen Gehorsam sollen sie miteinander wetteifern; keiner achte auf das eigene Wohl, sondern mehr auf das des anderen; die Bruderliebe sollen sie einander selbstlos erweisen; in Liebe sollen sie Gott fürchten; ihrem Abt seien sie in aufrichtiger und demütiger Liebe zugetan. Christus sollen sie überhaupt nichts vorziehen« (RB 72).

Der Titel dieses Buches ist eine Anspielung auf ein Zitat des heiligen Augustinus,[2] aber er ist vor allem ein Ausdruck der Tatsache, dass Liebe immer Bewegung ist: Aus Liebe bewegt sich Gott, kommt durch einen Menschen in die Welt und wird Mensch; aus Sehnsucht machen sich Menschen auf den Weg, um Gott zu suchen und in ihm ihre Sehnsucht zu stillen. Die Erfahrung meines Glaubensweges zeigt mir aber, dass diese Suche nach Erfüllung meiner Sehnsucht nicht nur ein aktives Geschehen ist – dass ich Gott suchen will –, es ist auch ein passives Geschehen – eine Art des sich Überlassens, denn Gott zieht auch, er zieht den Menschen an sich durch sein Licht, seinen Glanz und sein Gut-sein. Und wer will nicht da sein, wo es gut ist? Und jetzt wird es dynamisch, wenn ich rebelliere gegen Gott, wo mir sein Licht zu stark ist, wo ich Angst habe, zu kurz zu kommen, wo ich ihm nicht glaube, dass er mir wirklich Frieden schenken kann, kurz: wo ich mich selbst zu Gott aufschwingen will.

Diese Dynamik meines Glaubens macht mich unruhig, denn natürlich frage ich mich, zumal als Mönch und Priester, warum es mich auch wegzieht von Gott. Doch gerade dann ist es so wichtig zu versuchen, sich Gott zu nähern, in der Eucharistiefeier, in unserem klösterlichen Stundengebet oder in der Anbetung, und ihm meine Zerrissenheit hinzuhalten, das hat für mich bisweilen große Sprengkraft. Doch ich habe festgestellt, dass es genau diese Momente sind, wo ich innerlich weit weg bin, in denen er mir wiederum ganz nahe ist. Es sind Momente, in denen mir plötzlich und unerwartet große Geschenke des Glaubens gemacht werden durch eine tiefe Gewissheit im Gebet oder in Begegnungen, in denen Jesus ganz dabei ist, aber auch in der konkreten Seelsorge, bei der Feier der Sakramente, wo mir klar wird, dass mein Weg genau so sein soll, dass ich bei Gott richtig bin und nirgendwo anders. Ich muss allerdings akzeptieren lernen – wohl eine Lebensaufgabe –, dass diese Momente nicht kontinuierlich sind, sondern eben dynamisch, weil kraftvoll, bewegend, vorwärtsbringend und nicht immer in gleicher Intensität da. Ja, auch im Leben mit Gott gibt es einen Alltag wie in jeder Beziehung, an dem man arbeiten und den man immer wieder überwinden muss, um die Beziehung dynamisch zu halten.

Der Titel des Buches ist aber auch eine ernst gemeinte Aufforderung an mich und alle, die dieses Buch zur Hand nehmen. Ich bin immer tiefer davon überzeugt, dass wir, in Anlehnung an ein Jesuswort, vor einer Zeitenwende in unserer Kirche stehen, denn es sind unruhige Zeiten: Wenn wir uns nicht hinwenden zu Jesus und uns bemühen, ihm nachzufolgen und zu werden wie er, werden wir nicht in das Himmelreich kommen (vgl. Mt 18,3). Und dieser Weg zum Himmelreich ist ein dynamischer Weg, ein Weg, der auf- und abgeht, durch schöne Gegenden und trostlose Täler (vgl. Ps 23).

Alle, die vor Jesus geglaubt haben, zeigen auf ihn, alle, die nach ihm geglaubt haben, beziehen sich auf ihn, an erster Stelle seine Mutter Maria. Sie ist lebendige Exegese der Botschaft Jesu, an ihr können wir beispielhaft ablesen, wem all unsere Verehrung und unsere Zuwendung gehören soll, nämlich Jesus. Und auf ihr Beispiel schauend können auch wir unseren Platz finden – im Leben, in der Kirche, im Glauben – und feststellen, dass, wenn wir wirklich und aufrichtig Jesus suchen, unser Platz schon an seiner Seite ist und wir da sind, wo wir hingehören, dorthin nämlich, wo er uns haben will.

Nun möchte ich die einzelnen Zeilen des Gebetes von Benedikt XVI. in den Blick nehmen. Aus jedem einzelnen Satz könnte man wohl eine ganze Bibeltheologie entfalten. Mir geht es aber vielmehr darum, diese Gebetsworte in mein »Hier und Jetzt« zu holen, biblisch und spirituell zu beleuchten. Dieses Gebet entfaltet für mich persönlich in besonderer Weise eine christlich-spirituelle Dynamik, die mich anspricht und erfasst hat; es lohnt sich, diesen Text zu meditieren. Sicher bleibt dabei vieles offen und ungesagt. Verstehen Sie es einfach als

Einladung, weiter zu denken, weiter zu meditieren, um so zu erkennen, wie wertvoll die Bibel für unser Leben ist. Es ist einfach wahr, was wir am Ende einer Lesung im Gottesdienst sagen, dass wir nämlich ein Wort des lebendigen Gottes hören, das in unser Leben hineingesprochen wird, damit wir mehr Lebendigkeit erfahren.

1.
Herr Jesus Christus

Herr, Bruder, Freund ... So viele Titel und verschiedene Anreden hat Jesus erhalten seit der Möglichkeit, die Landes-
sprache in der Liturgie zu verwenden. Immer wieder habe
ich auch erlebt, wie sich vor allem Priester mit bestimmten
Anreden oder Eigenschaften Jesu schwertun, zumindest wie
sie die Liturgie offiziell ausdrückt. Da höre ich Formeln wie
»Der in seiner Liebe allmächtige Herr«, oder »Durch Jesus
Christus, unseren Bruder und Herrn«. Offenbar beinhaltet
das Wort »Herr« eine Dimension, mit der man sich schwertun kann, sonst würde sie nicht durch diese Zusätze abge-
schwächt oder ganz ersetzt werden. Die liturgische Anrede
»Herr Jesus Christus« ist dennoch geläufig, geradezu alltäg-
lich, geht in der Liturgie leicht über die Lippen – oder zum
einen Ohr rein und zum anderen wieder raus. Doch so selbst-
verständlich sollte es uns nicht sein, was diesen Herrn und
seine Herrlichkeit ausmacht.

Angenommen vom Herrn

Auf das Althochdeutsche zurückgeführt, bezeichnet das Wort »Herr« einen höher stehenden Menschen in Bezug auf einen Knecht. Es ist die Eindeutschung des griechischen Wortes Κύριος (Kyrios) und des lateinischen Wortes *Dóminus*. Aus dem Wort Κύριος leitet sich wiederum unser deutsches Wort Kirche ab: Sie ist die »zum Herrn Gehörende«. Wenn wir unseren Herrn ansprechen, ja anbeten, stehen wir schon in der Anrede unseres Gottes in einem innigen Verhältnis zu ihm: Wir gehören zu ihm, weil er uns Menschen angenommen hat.

»Suscipe me, Domine, secundum eloquium tuum et vivam, et non confundas me ab expectatione mea«[3] singen wir Mönche beim Ablegen unserer Gelübde, der Profess. Die Benediktinerin und gelehrte Theologin Michaela Puzicha[4] legt dar, wie dieses Wort *suscipe* die Annahme des *Pater familias* in der klassischen römischen Familie meint. Dem Patriarchen legte man ein neugeborenes Kind vor; durch das Aufheben – *suscipere* – des Kindes war es als Mitglied der Familie angenommen und akzeptiert. Wenn nicht, war es im Normalfall dem Tode ausgeliefert. Uns, seine geliebten Kinder, nimmt Gott an; er hebt uns auf und drückt uns an sein Herz. Er ist der gute Vater *für uns,* weil er so handelt. Und mit »uns« meine ich natürlich nicht nur die Mönche, sondern jeden Menschen. Uns alle nimmt er an, hebt uns auf und liebt uns. Diese Liebe ist seine genuine Eigenschaft, denn er *ist* die Liebe (1 Joh 4,16). Weil Liebe immer Freiheit voraussetzt, bietet er uns die Möglichkeit an, uns ihm zuzuwenden und uns in seine Nachfolge zu stellen, weil wir uns von ihm angenommen und unendlich

geliebt wissen dürfen; er aber kann gar nichts anders, als uns anzunehmen. Diesem Herrn zu gehören nimmt uns nichts, aber es gibt uns alles, was wir zum Leben brauchen. Ist uns das bewusst, wenn wir mit unserem Herrn sprechen, mit ihm kommunizieren und zu ihm beten? Angenommen hat er uns, weil er es verheißen hat. Wir brauchen keine Angst zu haben, vielleicht abgewiesen zu werden. Die Annahme durch Gott ist keine allmächtige Willkür, denn sie entspringt seiner Verheißung, wie der Psalmbeter sagt: Nimm mich an, Herr, nach deinem Wort, also, wie du es mir gesagt, versprochen, verheißen hast (vgl. Ps 119,116). Im Buch Deuteronomium heißt es:

> »Mose rief ganz Israel und sagte zu ihnen: Höre, Israel, die Bestimmungen und Rechtssatzungen, die ich euch heute vortrage! Lernt sie, beachtet und haltet sie! Der Herr, unser Gott, hat am Horeb mit uns einen Bund geschlossen. Nicht mit unseren Vätern schloss der Herr diesen Bund, sondern mit uns, die wir heute hier stehen, mit uns allen, mit den Lebenden.« (Dtn 5,1–3)

Diese Lebenden sind heute wir und sein Bund gilt und hat Bestand. Das ist das Wort des Herrn, auf das wir vertrauen dürfen, weil er sich selber so genannt hat. Der »Ich bin« (vgl. Ex 3,14) ist für jeden von uns da, wie er da war und ist für sein auserwähltes Volk, und er ist da für uns, um uns zu retten, was uns zum Namen Jesu führt. Denn der Name Jesus geht zurück auf das aramäische *Jehoschua* (Kurzform: *Jeschu*). Er setzt sich aus der Kurzform *Jeho-* des Gottesnamens JHWH und einer Form des hebräischen Verbs *jascha* (helfen, retten) zusammen. Also: Jesus ist der »Ich bin da für dich, der dich rettet«. Dieser Name ist das Programm des Herrn, weil er die Liebe ist, weil er nicht anders kann und will. Darum kann das Zweite Vatikanische Konzil auch sagen: »Der Herr ist das Ziel der menschlichen Geschichte, der Punkt auf den hin alle Bestrebungen der Geschichte und der Kultur konvergieren, der Mittelpunkt der Menschheit, die Freude aller Herzen und die Erfüllung ihrer Sehnsüchte.« (*Gaudium et spes* 45)

Woher kommt mir Frieden?

Als Ordensmann habe ich in besonderer Weise mein Ja zu diesem Herrn gesagt. Ich glaube so fest an das Programm des Namens Jesu, an diese *herr*liche Macht der Liebe, dass ich mein Leben durch eine besondere Form der Nachfolge in seine Hände gelegt habe. Er hat mich als sein Kind aufgehoben und angenommen – *suscipere* –, und ich habe mich aufnehmen lassen. Doch will ich mich eigentlich aufnehmen lassen? Welche Konsequenzen hat das für mich? Verliere ich dabei nicht meine Autonomie? Schon in den Anfängen der biblischen Geschichte wird diese Frage aufgeworfen. Und damals wie heute wird gefragt: Wie autonom bin ich eigentlich wirklich in Anbetracht so vieler moderner Entwicklungen, die mir zwar suggerieren, frei zu sein, mich letztlich aber nur gefangen nehmen: Zigaretten oder Drogen, Smartphone oder Internet, Computerspiele oder Pornografie? Es ist heute ein Kraftakt – für jeden Menschen –, sich gegen die Vereinnahmungen dieser Dinge zu stellen, um frei zu bleiben für Wesentliches. Im Alten Testament werden solche Dinge, die uns von Gott fernhalten und unfrei machen, Götzen genannt. Viele fragen sich: Warum haben wir überhaupt diese Götzen, die uns letztlich die Freiheit nehmen, die sie uns zu geben suggerieren, uns dann jedoch in Sucht und Abhängigkeiten führen können? Ich denke, weil wir Gott nicht wirklich über den Weg trauen.

Der Herr will Frieden für uns, er will, dass wir mit uns selbst und mit ihm »in Frieden« sind. Hat er doch gesagt: »Frieden hinterlasse ich euch, meinen Frieden gebe ich euch« (Joh 14,27). Ist es nicht auch das, was wir eigentlich suchen: Frieden? Doch allzu oft scheinen wir dem Frieden nicht zu trauen und suchen lieber den »schnellen Frieden« durch Ersatzbefriedigungen. Vielleicht kommt diese beständige Suche nach Frieden auch durch die Fragilität des irdischen Friedens, den die weltlichen Herren (und Herrinnen) oft nur schwer und unter Kompromissen sichern können. Jesus, der wahre Friede, will uns echten, eben seinen Frieden geben. Aber wie gesagt, wir trauen auch diesem Frieden des Herrn nicht recht. Doch ist es überhaupt möglich, sich selbst dauerhaften, echten und beständigen Frieden zu verschaffen?

Ich merke, dass der Frieden, den ich in Ersatzbefriedigungen suche, nicht meine Existenz aufrichtet und ihr Ruhe verschafft, sondern dass diese Ersatzbefriedigungen mich zerstören können, weil sie mich gefangen nehmen und mich vom Wesentlichen ablenken. Der Friede, den diese Welt und die Dinge dieser Welt mir bieten können, ist so fragil, weil er meist nur auf das Individuum hin ausgelegt ist – Frieden aber betrifft alle. Falsch ist, wenn Frieden definiert wird als Individualismus im Sinne einer Emanzipation von der Gemeinschaft – und das kann nicht funktionieren, in der Welt nicht und auch in der Kirche nicht.

Biblisch kommt mir hier eine Gestalt wie Judas Iskariot in den Sinn. Judas, der seinen Herrn herausgefordert hat, indem er ihn preisgab, um dessen göttliche Macht herauszufordern, so wie er sie verstand. Sein Ego und sein individueller Wille waren so geprägt von seiner Vorstellung vom Herrn und Messias, dass er diese Vorstellung, sein Wunschdenken zum Götzen erhob und auf Jesus übertrug: Der Messias muss so sein, wie ich ihn will – anders kann er nicht sein. Sein Ego brachte ihm den Tod, weil seine Vorstellung vom Herrn nicht erfüllt wurde. Im Erkennen der Wahrheit Jesu aber brach schließlich seine Götzenwelt zusammen und er sah keinen anderen Ausweg, als sich zu erhängen (vgl. Mt 27,5). Er hat seine Idee von der messianischen Herrschaft Jesu für die rettende Idee gehalten und sich selbst daran verloren. Frieden hat Judas nicht gefunden, weil er der rettenden Erlösungstat des Herrn sich nicht anvertrauen konnte. Hier widerlegt sich auch einmal mehr die Behauptung, die Jünger hätten es einfacher gehabt mit dem Glauben, weil sie so nah am Herrn dran waren. Hat Judas Jesus denn nicht richtig kennengelernt auf den gemeinsamen Wegen, die sie zusammen gegangen sind?

Jesus wird auch als Fürst des Friedens bezeichnet (vgl. Jes 9,5), der einen Frieden gibt, ganz anders als die Welt ihn vorgaukelt. Die bleibende Herausforderung für uns als Kirche in der Welt, in den Pfarreien, den Klöstern und Gemeinschaften, so stark und krass wie selten in der Geschichte, ist, unsere Herzen nicht verwirren zu lassen (vgl. Joh 14,27). Jesus, der ja da ist, wo wir sind, und für uns da ist, weiß um diese Verwirrungen unserer Zeit, die natürlich auch vor der Kirche keinen Halt machen. Letztlich geht es um die urmenschliche Frage, ob wir uns selbst loslassen lernen, um uns dem Herrn schenken und gerade so echtes und wahrhaftiges Leben gewinnen zu können. Sätze aus der Benediktusregel wie: »Den Brüdern ist es ja nicht einmal erlaubt, nach eigener Entscheidung über ihren Leib und ihren Willen zu verfügen« (RB 33) oder: »Von diesem Tag an hat er nicht einmal das Verfügungsrecht über seinen eigenen Leib« (RB 58) rechtfertigen sich überhaupt nur in der Haltung des Loslassens gegenüber dem Herrn, der mich dann hält, wenn ich mich loslasse. Ich brauche mich nicht mehr zu halten, weil Christus mir alles geworden ist. Doch bleibt es nicht bei diesem theoretischen Wissen; um diese Haltung muss ich durch Wachstum im Glauben, der eine Gnadengabe Gottes ist, auch kämpfen, damit sie Realität wird in meinem Leben. Diesen Weg des beständigen Lernens zu gehen, braucht wohl die Zeit eines ganzen Lebens.

Mit Gott verwoben

Das Evangelium schreibt eine Ikone von Jesus als eines Menschen, den man zu lieben in der Lage ist, gar lieben will, für den man wie die ersten Jünger alles stehen und liegen lassen kann. Für uns als Glaubende und vor allem für die in der besonderen Nachfolge stehenden Menschen ist es wichtig, dass wir ihn über alles lieben wollen, denn die Liebe zu ihm geht uns über alles (vgl. RB 5). Er, der Herr, ist so in unser Leben eingewoben, dass wir ihm aus freien Stücken folgen und den

Anspruch, den die Nachfolge des Evangeliums an den Menschen stellt, durch unser Leben leibhaftig bezeugen. Damit stehen wir gerade für das Bild Jesu, wie es die Bibel aufzeigt und wie es die Welt auch braucht. Wir dürfen lebendige Zeugen dafür sein, dass es sich lohnt, mit dem Evangelium zu leben, dass Gottes Botschaft nicht einengt, sondern Freiheit gibt. In einer Zeit wie heute, in der vieles relativ ist, in der sich allzu viele Menschen ihre persönliche Religion zusammenzimmern, stehen wir Christen durch unsere Existenz ein für das unendliche und alleinige Reich der Liebe Gottes. Oft denke ich, dass sich viele die Religion und ihren Glauben als einen Setzkasten vorstellen, den sie nach Belieben füllen können mit den verschiedensten Aspekten unterschiedlicher Religionen. Ich nehme mir, was mir passt: Liebe, Frieden, Soziales, Gerechtigkeit… Damit wird Jesus nicht nur einer unter vielen, auch wird seine Botschaft austauschbar und marginalisiert, und dies bis hinein in die Theologie:

»In der gegenwärtigen theologischen Diskussion wird Jesus von Nazaret oft als eine besondere historische Gestalt angesehen, die begrenzt ist und das Göttliche in einem Maß geoffenbart hat, das nicht exklusiv ist, sondern komplementär zu anderen Offenbarungs- und Heilsgestalten. Das Unendliche, das Absolute, das letzte Mysterium Gottes zeige sich der Menschheit in vielen Weisen und in vielen historischen Gestalten, Jesus von Nazaret sei eine von ihnen. Er sei – so noch konkreter – eines von den vielen Gesichtern, das der Logos im Laufe der Zeit angenommen habe, um der Menschheit das Heil zu vermitteln.«[5]

Der bekannte tschechische Priester Tomáš Halík vergleicht diese Haltung mit europäischen Buddhisten, die fernab vom echten Buddhismus in unserer Gesellschaft leben. Er sagt, dass die Buddhisten im Fernen Osten die hiesigen belächeln, weil sie eigentlich Christen im Gewand des Buddhismus sind, aber die ihnen kritisch erscheinenden Punkte ausblenden möchten wie die kirchliche Institution oder die christliche Moral.[6] Jesus wird zu einer Option unter vielen gemacht, »Gott ist doch im Christentum und im Islam derselbe«, hört man manche sagen. Wenn aber Gott derart beliebig ist, wie er oft dargestellt wird, dann wären beispielsweise wir Ordensleute völlig wahnsinnig, die Profess abzulegen auf eine Möglichkeit unter vielen, auf einen »Nicht-Gott« (Dtn 32,21), und die Eheleute verrückt, wenn sie sich vor einer Option Treue bis ans Lebensende versprechen. Das Problem mit der Option ist, dass sie sich ändern kann; es kann jederzeit etwas Besseres kommen. Der Mensch wird dabei zugleich unzuverlässig und in einer gewissen Weise unberechenbar, was kein Wunder ist, weil die Option genau diese Haltung vorgibt. Jesus lädt uns dagegen ein, alles auf eine Karte zu setzen und mit ihm durch gute und schlechte Zeiten zu gehen. Er zeigt uns schließlich einen Weg, der nicht einfach irgendwo anfängt und irgendwo aufhört, sondern der einmal begonnen nicht mehr endet, weil sein Ziel die unendliche Liebe Gottes ist.

Umso wichtiger ist es, dass die Anrede »Herr Jesus Christus« für uns Christen keine Floskel, keine Formulierung unter vielen ist; denn diese Anrede ist ein Bekenntnis, vielleicht sogar ein Ausdruck von Liebe. In diesem Wort drücken wir unsere bekennende Liebe zu dem aus, der als unser Herr da ist für uns, uns rettet und annimmt, der als Gott so da sein wollte für seine Kinder, dass er selbst Kind geworden ist und unser Leben geteilt hat. Dieses Leben hat er als der Schöpfer gewollt und aus Liebe geteilt. Eben nicht, weil es nur ein »Tal der Tränen«[7] wäre, eine düstere Durchgangsstation auf dem Weg ins Jenseits, sondern weil hier, in unserem Leben, schon der Abglanz der ewigen Liebe Gegenwart werden kann, wenn wir unsere Herzen öffnen für den rettenden Herrn und diese Liebe Wirklichkeit werden lassen.

Wenn wir das zulassen und immer wieder beständig versuchen, dann gilt: »Denn wo zwei oder drei in meinem Namen versammelt sind, da bin ich mitten unter ihnen« (Mt 18,20). Das ist keine billige Vertröstung, das ist der verheißene Name Gottes: Ich bin da für euch. Und der gemeinsame Glaube an den Herrn Jesus Christus und das Band der Liebe, welches sein Heiliger Geist beständig webt, machen uns gemeinsam zu Kindern Gottes, die auf dem Weg sind zu ihm.

Unser Lebensweg gleicht einem Exerzitienkurs, denn er braucht beständiges Einüben, Suchen und Loslassen, damit Gott in uns wirken kann, damit er uns aufheben und annehmen kann. Die Voraussetzung zum Loslassen dessen, was wir krampfhaft festhalten, ist ein geöffnetes Herz, das sich füllen lassen will von Gottes Liebe, denn die Gotteskindschaft, die er uns zugesagt hat, muss auch von uns gewollt werden. Dann gilt die Verheißung, die der heilige Johannes den Empfängern seines ersten Briefes zusagt: »Geliebte, jetzt sind wir Kinder Gottes und noch ist nicht offenbar geworden, was wir sein werden. Wir wissen, dass wir, wenn es offenbar sein wird, ihm ähnlich sein werden; denn wir werden ihn sehen, wie er ist« (1 Joh 3,2). Und wer er ist, das glauben und bekennen wir zusammen mit dem Lieblingsjünger Johannes: »Es ist der Herr« (Joh 21,7), der Herr Jesus Christus.

2.
Wir danken dir, dass du uns dein Herz geöffnet hast

Dem Wort »Herz« kommt in der Bibel eine wesentliche Rolle zu, über achthundert Mal wird in der Heiligen Schrift vom Herzen gesprochen. Im Gegensatz zur deutschen Sprache hat dieses Wort im Hebräischen eine Vielzahl von Bedeutungen. Die Bedeutung des Wortes לב (*lev*) umfasst neben dem Sitz der Gemütsregungen und des Willens auch alle Funktionen, die wir für gewöhnlich Kopf und Gehirn zuschreiben: Erkenntnisvermögen, Vernunft, Verstehen, Einsicht, Gedächtnis, Wissen, Nachdenken, Urteilen. Daneben wird das Herz in der Bibel als Sitz der Zuneigungen und Leidenschaften gesehen. Auch in Verbindung mit Weisheit und Verstand lesen wir von einem »weisen Herzen«. Der Herr gab zum Beispiel Salomo ein »weises und verständiges Herz« (1 Kön 3,12). Es ist das Zentrum des Wesens des Menschen, kurz, der Sitz seiner Seele, die Mitte der Person.

Von Herzen

Im Englischen übersetzt man das Verb »auswendig lernen« mit *to learn by heart,* durch das Herz, aus dem Herzen. Im Hinblick auf diesen Begriff und mit dem Sitz »im Herzen« erschließt sich auch, warum die Benediktusregel von »auswendig« spricht (vgl. RB 9,10): Auswendig, aus dem Herzen sollen die biblischen Texte beim Vortrag im Gottesdienst nämlich wiedergegeben werden. Was damit nicht gemeint ist, hat mir meine eigene Schulzeit deutlich vor Augen geführt. Früher war ich immer sehr neidisch auf meine kleine Schwester. Während ich in der Grundschule kaum Gedichte auswendig lernen musste, hatte sie ständig als Hausaufgabe auf, Texte und Gedichte zu lernen. Später half ihr das sehr beim Lernen von Vokabeln in einer Fremdsprache; ich hingegen hatte damit in der Schule immer Schwierigkeiten. Ich habe immer nur probiert, mir die Worte in den Kopf zu hämmern, um den nächsten Vokabeltest zu bestehen; so was ging ihr immer ganz leicht von der Hand, denn sie konnte die Wörter wirklich verinnerlichen. Bei mir hatte das Vokabellernen mit wirklichem Auswendiglernen, mit dem Erfassen *by heart* nichts zu tun. Wenn der heilige Benedikt davon spricht, der ganze Psalter möge auswendig gelernt oder Lesungen sollten auswendig vorgetragen werden, bezieht er sich dabei auf eine tiefe Form der *Lectio divina,* sich also darin einzuüben, das Wort Gottes mit dem Herzen zu erfassen, es nicht bloß auf den Lippen zu führen, sondern vielmehr auch im Herzen zu bewegen, bis das Herz die Worte der Schrift erfasst hat. Dann kann ich einen Text wirklich auswendig, wenn Geist und Herz ihn ganz durchdrungen haben.

Ein böses Herz

Vor der Sintflut besagte das Urteil Gottes über den Menschen, dass alle Gedanken seines Herzens nur böse waren (vgl. Gen 6,5). Ein ähnliches Urteil findet man, nachdem Noah aus der Arche gekommen war (vgl. Gen 8,21). Der Herr sagt auch an anderer Stelle, dass von innen aus dem Herzen der Menschen die schlechten Gedanken und jede Art des Bösen hervorkommen (vgl. Mk 7,21). Dagegen gebot er dem Menschen, ihn mit ganzem Herzen zu lieben (vgl. Dtn 6,5), wie auch die Annahme des Evangeliums mit ganzem Herzen erfolgen muss (Röm 10,9). Gott befähigt seinen Hörer, die gute Botschaft mit einem redlichen und guten Herzen zu empfangen, das dann Frucht hervorbringt (vgl. Lk 8,15). In der neuen Schöpfung besitzt der Christ ein »reines Herz« und wird durch den Heiligen Geist geleitet (vgl. 1 Tim 1,5; 2 Tim 2,22; 1 Petr 1,22), er hat nun endlich ein geheiltes, ein heiles, ein ganzes Herz und damit die Erfüllung seiner Sehnsucht erreicht. Nun möchte ich einige Bibelstellen herausgreifen, in denen es um das Herz des Menschen geht, wie Gott es beansprucht und darum, was der Mensch daraus macht. Dies kann uns die verschiedenen Aspekte der Thematik deutlicher vor Augen führen und schließlich helfen zu verstehen, was es heißt, dass Jesus uns sein Herz geöffnet hat.

Schon im ersten Buch der Bibel, der Genesis, wird das Herz des Menschen erwähnt, in erster Linie wird allerdings vom durch die Sünde korrumpierten Herzen gesprochen. Das Herz des Menschen hatte sich von Gott abgewandt, es folgte nur seiner Lust, die Männer nahmen sich die Frauen, wie es ihnen gefiel, diese wurden zu Gegenständen ihrer Triebe – für Gott und das Gute in seiner Schöpfung war nur wenig Platz. »Als der Herr sah, dass die Bosheit der Menschen auf der Erde groß war und die Gedanken ihres Herzens immer nur auf das Böse gerichtet waren, da bereute es der Herr, dass er den Menschen gemacht hatte, und er war tief betrübt« (Gen 6,5–6). Hier wird das Herz des Menschen dargestellt als Sitz der Berechnung und des Kalküls, der Triebe und des Egoismus; das Herz Gottes steht dagegen für die Liebe – hier die enttäuschte Liebe –, den Schmerz und die Traurigkeit. Gott hatte »Herzschmerz«, weil der Mensch nicht die Wege ging, die Gott für ihn vorgesehen hatte, mehr noch, er ist enttäuscht und wütend, er bereut, den Menschen gemacht zu haben. Der Weg zur Freiheit in der Liebe Gottes also ist noch lang, denn Gott will den Menschen vernichten, oder zumindest empfindlich bestrafen. Die ganze Arche-Geschichte ist wirklich zwiespältig und für uns schwer zu lesen. Natürlich, durch die theologisch-fromme Brille kann ich sagen, dass diese Geschichte eine Verheißung in sich birgt, denken wir nur an das Zeichen des Regenbogens (vgl. Gen 9,13ff.). Gott will den Menschen und sein entfremdetes Herz heilen, doch der Weg dahin mag hart und bisweilen grausam erscheinen. Tatsache ist, dass Gott hier in die menschliche Geschichte so eingreifen will, dass der Mensch sich auch ändert; damit beschneidet er aber in gewisser Weise auch dessen Freiheit. Beide angeführten Textbeispiele sind hochemotional, Gott wird anthropomorphisiert, also vermenschlicht dargestellt. Letztlich aber steht das Herz im Mittelpunkt, aus dessen Mitte die üblen Gedanken und jeder böse Plan kommen. Im Zusammenhang vom Herzen des Menschen und der Arche weist Michaela Puzicha auf die Benediktusregel hin:

»Einen eigenen Hinweis gibt die Benediktusregel, von dem aus auf den Inhalt der Lectio als Schriftlesung geschlossen werden kann. Allerdings ist die Angabe nicht ohne weiteres verständlich, wenn von einem Band der *bibliotheca* gesprochen wird, den die Mönche in der Quadragesima zur Lectio erhalten sollen (RB 48,15).

Damit ist nicht die Bibliothek als Aufbewahrungsort für die Bücher gemeint, sondern die Bibel mit ihren einzelnen Schriften. Diese Bedeutung ist umso wahrscheinlicher, da insbesondere in der Quadragesima der Mönch sich intensiver als sonst dem persönlichen Umgang mit dem Wort Gottes als seinem täglichen Exerzitium widmen soll (vgl. RB 49,4). Rufinus nimmt diese Terminologie in seine Origenes-Übersetzung auf, der die Arche (Gen 6,14: *fac tibi arcam*) als Bücherkasten auslegt: ›Wenn jemand … das Wort Gottes sowie die himmlischen Weisungen hört, dann baut er in seinem Herzen eine Arche der Rettung; dann weiht er sozusagen in sich eine Bibliothek des göttlichen Wortes ein. … Aber diese Bibliothek errichte nicht aus Büchern weltlicher Verfasser, sondern aus den Schriften der Propheten und Apostel. … Wenn du also eine Arche baust, wenn du eine Bibliothek der göttlichen Bücher zusammenstellst aus den Reden der Propheten, der Apostel oder derer, die ihnen auf den rechten Pfaden des Glaubens gefolgt sind, dann erkenne in ihnen das große Mysterium, das in Christus und der Kirche erfüllt ist‹ (Orig., GenHom. 2,6).«[8]

Wenn Gott außer den Menschen und Tieren in der Arche die gesamte Schöpfung vernichten wollte, so war die Arche gleichsam das Herz der Schöpfung, der flache Puls des Lebens, der nicht der Vernichtung anheimfallen und von dem aus neues Leben entstehen sollte. Dieser Gedanke hat wiederum etwas sehr Inniges. Rufinus deutet hier das Herz als Arche und somit als intimen Schutzraum für das Wort Gottes, das durch den Herzschlag in den Körper gelangt und so den ganzen Menschen erfasst. Eine biblische Geschichte kann so zwei völlig unterschiedliche Bedeutungen bekommen. Im Hinblick auf die Deutung des Rufinus kann das heißen, dass wir uns nicht alles, was uns im Alltag begegnet und auch belastet, zu Herzen nehmen sollten. Das Herz ist vielmehr die Schatzkammer, aus der wir Dinge hervorholen können, um die Lasten des Alltags zu tragen, zuallererst die Kraft, Gott zu bitten, alle Lasten mit uns zu tragen. Der Glaube an Gott, der seinen Sitz in der Arche des Herzens hat, wie Rufinus sagt, ist der Schatz, der uns hilft, unser Leben zu nähren und voranzubringen. Es ist der Schatz, für den wir alles stehen und liegen lassen sollten.

Das Herz behüten

Der Dichter des Buches der Sprichwörter mahnt den Leser: »Mit der größten Vorsicht hüte dein Herz; von ihm geht ja das Leben aus« (Spr 4,23). Das Herz soll bewahrt werden vor dem Bösen, dem Unmenschlichen und allem, was es ablenken kann von Gott und vom Leben, von der Wahrheit und dem Frieden. So kann Mose auch in seinem Testament, dem Deuteronomium, zum Volk sagen:

»Vielmehr ist dir das Wort ganz nahe, in deinem Mund und in deinem Herzen ist es, sodass du danach handeln kannst. (…) Wenn sich aber dein Herz abwendet und du nicht gehorchst, wenn du dich dazu verführen lässt, fremde Götter anzubeten und ihnen zu dienen, so kündige ich heute an: Ihr werdet sicher zugrunde gehen, ihr werdet in dem Land, in das du über den Jordan ziehst, um hinzugelangen und es in Besitz zu nehmen, nicht lange leben. Ich rufe heute den Himmel und die Erde zu Zeugen gegen euch an: Leben und Tod, Segen und Fluch habe ich dir vor Augen gestellt. So sollst du denn, damit du und deine Nachkommen am Leben bleiben, das Leben wählen.« (Dtn 30,14.17–19).

Mose spricht nicht einfach das Volk an, er spricht ihm ins Herz hinein. Das Herz als Ort des Verstehens soll die vernünftige Entscheidung für das Leben treffen. Vom Herzen her, nach hebräischem Textverständnis also aus tiefster Seele, soll das Volk Israel sich für das Leben und damit für Gott entscheiden. Diese Idee geht so weit, dass das Buch der Sprichwörter sagen kann: »Vertraue ganzen Herzens auf den Herrn, doch baue nicht auf eigene Klugheit« (Spr 3,5). Der Verstand allein reicht nicht aus, die Gebote, ja das Lebensangebot Gottes anzunehmen. Gott fordert den ganzen Menschen mit Leib und Seele, eben mit ganzem Herzen. Daraus folgt, dass die falsche Herzensentscheidung, also die Sünde, auch nur wieder vom Herzen her zur Umkehr führen kann. Im Herzen des Menschen wird der Entschluss zur Bekehrung gefasst. »Kehrt zurück zu mir mit euerem ganzen Herzen, mit Fasten, mit Weinen und Wehklagen! Zerreißt euere Herzen und nicht euere

Kleider, und kehrt um zum Herrn, euerem Gott; denn er ist gnädig und barmherzig, langmütig und reich an Güte« (Joel 2,12–13). Die Herzen sollen zerrissen, aufgerissen werden, um durchlässig zu sein für das Gute, für Gott. Wie schlimm ist ein verstocktes Herz, ein Herz aus Stein, zumal bei Christen, bei Ordensleuten oder Priestern. Auch Joel sagt seine Botschaft nicht irgendwem, sondern dem auserwählten Volk Israel, Gottes geliebtem Kind. Immer wieder hat Gott sein Heil angeboten und immer wieder ist das Volk einen anderen Weg gegangen. Aus der Mitte des Volkes, aus seinem Herzen, wenn man so will, ließ Gott dennoch beständig Propheten hervorgehen, die mit ihren Worten das Herz des Volkes zur Umkehr bewegen sollten. Ja, neues Leben kann sich nur aus dem Herzen Bahn brechen (vgl. Spr 4,23), wenn es sich für Gott und damit für das wirkliche Leben öffnet.

Von ganzem Herzen

Wenn wir etwas gerne tun, tun wir es aus vollem Herzen, sind mit ganzem Herzen bei der Sache. Diese Tatsache, die uns auch in der Bibel begegnet, sollten wir näher betrachten. Jesus antwortet auf die prüfende Frage eines Schriftgelehrten nach dem größten Gebot mit den Worten des Mose an sein Volk (vgl. Dtn 10,12): »Du sollst den Herrn, deinen Gott, lieben mit deinem ganzen Herzen und mit deiner ganzen Seele und mit deiner ganzen Vernunft« (Mt 22,37). Und Jesus fügt diesem Wort hinzu: »Das ist das wichtigste und erste Gebot.« Die wahre Liebe kommt von Herzen, und diese Herzensliebe versetzt das Herz gleichsam in einen Suchmodus, wie der heilige

Augustinus sagt: »Unruhig ist mein Herz, bis es Ruhe findet in dir, mein Gott.« Gott macht unruhig! Liebe und Suchen bedingen einander, geben sich die Klinke in die Hand. »Aus Liebe zu Gott, weil er mich ergriffen hat und nicht mehr losließ, habe ich mich für den klösterlichen Weg der Gottsuche entschieden«, sagte mir am Anfang meines Berufungsweges eine alte Nonne. Später lese ich dann in der Bibel: »Du hast mich verführt, Herr, und ich ließ mich verführen; du hast mich gepackt und überwältigt« (Jer 20,7). Es gilt, und auch das dauert wohl ein Leben lang, immer wieder zu lernen, dass die Liebe größer ist als alles, dass sie in der Lage ist, jede Schwierigkeit zu überwinden. So kann der heilige Benedikt schon am Anfang der Regel sagen:

> »Sollte es jedoch aus wohlüberlegtem Grund etwas strenger zugehen, um Fehler zu bessern und die Liebe zu bewahren, dann lass dich nicht sofort von Angst verwirren und fliehe nicht vom Weg des Heils; er kann am Anfang nicht anders sein als eng. Wer aber im klösterlichen Leben und im Glauben fortschreitet, dem wird das Herz weit, und er läuft in unsagbarem Glück der Liebe den Weg der Gebote Gottes« (RB Prol).

Das Herz wird weit auf dem Weg der Liebe und ist in der Lage, Gott immer mehr und mehr auf- und anzunehmen. Aus meinem geöffneten und weiten Herzen kann mein Egoismus herausgehen und Christus eintreten, er kann immer mehr Raum in mir einnehmen und ich kann lernen, mich loszulassen. Und wenn ich Christus liebe, ihn wirklich in mein Herz gelassen habe, dann kann ich nicht mehr anders als mit seinem Herzen die Menschen anzunehmen und zu lieben, die Mitschwestern und Mitbrüder, die, mit denen es mir schwerfällt zu leben, die, die mich vielleicht sogar hassen.

Das Herz aufreißen

Das ist utopisch im Hinblick auf mein rein menschliches Vermögen, aber es ist möglich, ja wirklich lebbar im Hinblick auf die Kraft Gottes, die mich vom Herzen her durchdringen will, wenn ich sie lasse. Freilich spricht die Bibel immer wieder auch vom ungeteilten Herzen, denn unsere Herzen sind meistens geteilt, weil wir uns ängstigen vor Christus und Angst haben, offen zu werden für ihn und die Mitmenschen, weil wir fürchten, uns zu verlieren und damit einen Verlust an Lebensqualität zu erleiden. Der heilige Papst Johannes Paul II. sagte bei der Messe zu seiner Amtseinführung am 22. Oktober 1978 die berühmten Worte: »Habt keine Angst, Christus aufzunehmen und seine Herrschergewalt anzuerkennen! Habt keine Angst! Öffnet, ja reißt die Tore weit auf für Christus!« Damit meinte er die Herzen. Diese sollen wir ganz weit auftun für Christus. Und zwar aus vollem Herzen, nicht mittelmäßig. Wie viel Unlust und Mittelmaß gibt es in unserer Kirche, in unseren Pfarreien, Verbänden und Gemeinschaften, wie viel Halbherzigkeit und Routine? In diesem Sinne sprach Papst Johannes Paul II. bei einer Ansprache zur Gebetsvigil beim Weltjugendtag im Jahr 2000 in Rom zur Jugend der Welt, dass sie sich nicht mit dem Mittelmaß zufriedengeben darf, denn das Mittelmaß erstickt jedes Streben nach Höherem und nach Wahrheit. Er sagte: »Wenn ihr zu Christus ›Ja‹ sagt, dann sagt ihr

›Ja‹ zu jedem eurer höheren Ideale. Ich bete darum, dass er der Herr sei in euren Herzen ... Fürchtet euch nicht, euch ihm anzuvertrauen! Er wird euch führen, er wird euch die Kraft geben, ihm jeden Tag und in jeder Situation zu folgen.« Bei einer Messe mit Priestern, Ordensleuten und Seminaristen sagte Papst Franziskus beim Weltjugendtag 2016 in Krakau: »Wer der Berufung zum Dienst an Gott und der Kirche nachgibt, lebt ein Leben von ›konkreter Liebe‹ und ist nicht mehr Herr seiner selbst. Doch ›froh im Herrn‹ gibt er sich nicht mit einem mittelmäßigen Leben zufrieden, sondern ist erfüllt von dem brennenden Verlangen, Zeugnis zu geben und die anderen zu erreichen‹.«[9] Aus unserem geöffneten und von Gott erfüllten Herzen entspringt letztlich auch der Wunsch, diese Liebe missionarisch weiterzugeben durch ein glaubwürdiges Zeugnis.

Der Hymnus der Laudes an Freitagen, wie er im *Antiphonale monasticum*, dem klösterlichen Gesangbuch steht, spricht vom Dreischritt Glaube, Hoffnung und Liebe und der Entwicklung, die von meinem offenen Herzen ausgehen kann: »Als erstes soll der Glaube uns im Herzen tief verwurzelt sein, als zweites blühe Hoffnung auf; noch höher soll die Liebe stehn.«[10] Diese Reihenfolge scheint die logische und nötige zu sein, um den Herrn empfangen zu können und um fähig zu werden für das, was er in uns zum Leben bringen will und uns aufträgt. Es reicht nicht, dass der Glaube im Intellekt verankert ist, er muss mit dem Herzen erfasst werden, lieben muss ich den Glauben und ersehnen und stetig um mehr Einsicht bitten. Dies lässt die Hoffnung auf die Wahrheit Gottes und das Leben mit Gott weiterwachsen. Die Hoffnung auf ein Mehr, die Hoffnung, dass ich das Mittelmaß überschreiten und wirklich wachsen kann, erblüht und wird immer größer und reifer.

Immer weniger will ich mich und immer mehr will ich Gott. Schließlich erkenne ich, dass ich geliebt bin, so wie ich bin; ich erfahre im Glauben, dass ich unendlich gewollt bin um meiner selbst willen, ohne Fassade, ungeschminkt.

Ein brennendes Herz

Der heilige Philipp Neri (1515–1595), der sympathische Namenspatron meines Ordenslebens, wird oft reduziert auf seine humorvolle Art der Glaubensverkündigung. Doch neben seinem humorvollen, manchmal spöttischen Auftreten faszinieren mich vor allem seine mystischen Erfahrungen mit Gott. Während sich Philipp Neri an einem Pfingstfest in die Katakomben vor der Stadt Rom zurückgezogen hatte, um an diesem Ort der ersten Christen still zu beten, drang der Heilige Geist in Form einer feurigen Kugel in ihn ein und erfüllte ihn fortan in außergewöhnlicher Weise. Sein Herz wurde vom Geist Gottes entflammt und brannte seitdem in Liebe derart für Gott und die Menschen, dass er als Mann des Heiligen Geistes gar nicht mehr anders konnte, als dem hochgestellten Prälaten und dem Obdachlosen, dem Straßenjungen und der Prostituierten, dem Handwerker und dem Kardinal gleichermaßen in Liebe und Zuneigung zu begegnen und sie dadurch die Liebe Gottes spüren zu lassen. Sein Herz hatte sogar förmlich physisch Feuer gefangen, sodass er auch im kalten Winter stets einige Knöpfe seiner Soutane geöffnet lassen musste. Nach seinem Tod stellte man bei einer Obduktion fest, dass zwei Rippen in seinem Brustkorb durch das Pfingstereignis in den Katakomben gebrochen waren, weil die Begegnung mit der Liebe Gottes im Heiligen Geist sein Herz übernatürlich und doch physisch feststellbar geweitet hat. Auch unser Herz will der Herr brennend machen für die Liebe; im Gespräch mit ihm haben wir die Möglichkeit, ihm zu begegnen und ihn zu bitten, unser Herz zu öffnen. Philipp war durch und durch ein sonniger Mensch, und seine Freude kam ihm vom auferstandenen Christus her zu. Sein Leben war ausgebreitet zwischen Ostern und Pfingsten. Er glaubte die Freude über die Auferstehung nicht nur, er lebte sie, was ihm schon zu Lebzeiten Spitznamen wie *il santo* (der Heilige) oder *Pippo buono* (der gute Philipp) einbrachte. Seine Freude war existenziell ansteckend, weil fundiert und authentisch. Seine andere Quelle war, wie gesagt, das Pfingstfest. Sein Leben war vom Heiligen Geist geprägt, den Jesus schließlich, vom Vater her kommend, seinen Jüngern verheißt, damit er uns alles lehrt und an alles erinnert, was er uns gesagt hat (vgl. Joh 14,26). Philipp Neri war ein solcher Träger des Heiligen Geistes, sein Leben eine Erinnerung an die frohe Botschaft Jesu; seine sympathische Gestalt ruft auch uns auf, es ihm gleichzutun.

Die Intensität der Liebe, mit der der heilige Philipp Neri und unzählige Heilige vor und nach ihm geliebt haben, speist sich letztlich aus dem Moment am Kreuz Jesu schlechthin: »Als sie aber zu Jesus kamen und sahen, dass er schon tot war, zerschlugen sie seine Beine nicht, sondern einer von den Soldaten stieß ihm seine Lanze in die Seite, und sofort kam Blut und Wasser heraus. Und der es gesehen hat, hat es bezeugt, und sein Zeugnis ist wahr; und er weiß, dass er die Wahrheit sagt, damit auch ihr glaubt« (Joh 19,33–35). Wie in keinem anderen Evangelium steht Jesus bei Johannes unangefochten in der Sendung und unter dem Schutz des Vaters. Ein Satz wie: »Vater, wenn du willst, lass diesen Kelch an mir vorübergehen« (Lk 22,42) wäre im Johannesevangelium undenkbar. Jesus ist vom Vater ausgegangen und wird zu diesem zurückkehren, das ist sein Auftrag, so wird es geschehen! Er hat am Herzen des Vaters geruht und hat dessen Botschaft in seiner Person zu den Menschen gebracht: Das Wort ist Fleisch geworden, konkrete Person, und hat unter uns gewohnt (vgl. Joh 1,14). Und so wie Jesus vom Herzen des Vaters in die Welt kommt, so kommen aus dem Herzen Jesu die Sakramente der Kirche für das Leben der Gläubigen. Aus dem Herzen Jesu ist das hervorgegangen, was der Vater für seine Kirche will, nämlich die Sakramente, die Zeichen des göttlichen Lebens in dieser Welt. »Kommt alle zu mir, die ihr mühselig und beladen seid; ich will euch Ruhe verschaffen« (Mt 11,28). Diese Einladung wird hier ganz konkret und vor allem heilswirklich, wie es in der Präfation des Herz-Jesu-Festes heißt: »Das Herz des Erlösers steht offen für alle, damit sie freudig schöpfen aus den Quellen des Heiles.«[11] Wir dürfen uns in Jesus Christus der Gottheit nicht nur nahen, die Gottheit will offen sein für den Menschen. »Offen für alle« ist der neue und ewige Tempel der Gnade und der Wahrheit. Wer aus dieser Quelle schöpft, wird nicht nur das Leben in Fülle haben (vgl. Joh 10,10), er wird das ewige Leben haben (vgl. Joh 6,54). Das Herz Jesu, das am Herzen des Vaters ruhte, von ihm kommt und mit diesem in unendlicher und unüberbietbarer, göttlicher Gemeinschaft ist, steht für alle offen. Kommen sollen wir zum Herzen Jesu und schöpfen aus der unendlichen Quelle der Liebe, uns erquicken lassen, wie es eine alte Übersetzung so schön ausdrückt. Symbolisch gesprochen gehen wir Mönche täglich zu dieser Quelle in der Feier der Eucharistie hin, bezeugen sie durch unser »Amen«

am Ende des Hochgebetes als wahr und heilig und dürfen uns von ihr stärken lassen. In diesem Sinne spricht das Konzil in *Lumen gentium* 11 konsequenterweise von der Eucharistiefeier und der Eucharistie selbst als der Quelle und dem Höhepunkt allen christlichen Daseins.

Aus Jesu Fülle leben

Sich stärken aus dieser Quelle meint im Übrigen nicht Selbstbedienung oder ein Leersaugen, wie es ein Vampir tut. Christus, der Herr, will uns bei sich haben, sein Herz ist so göttlich groß, dass wir alle aus dieser Überfülle mitleben dürfen. Je mehr Menschen aus dem Herzen Jesu leben, desto größer wird sein Leib, die Kirche, und strebt als Einheit der Vollendung in Gott entgegen. Der Herr ist voll von barmherziger Liebe, und zwar so, dass ich den Eindruck bekomme, er schaut nur mich an und lädt mich ganz persönlich, als sein Ein und Alles, zu sich ein. Seine Einladung aber gilt für jeden; für Gott ist das möglich. Ein schönes Bild ist eine Ikone des heiligen Franz von Assisi, wie er aus der Seitenwunde Christi trinkt, wie er die Ströme lebendigen Wassers direkt aus dem Herzen Jesu empfängt. Daraus, aus Christus selbst, zog der heilige Franziskus seine Kraft für seine Verkündigung und sein Lebenszeugnis. So wie der heilige Franziskus dürfen wir alle zu Christus hintreten, das Wasser dieser Quelle wird für uns alle reichen!

Hier kommt eine weitere Dimension von uns Menschen ins Blickfeld, in besonderer Weise auch von geistlich lebenden Menschen, die nicht übersehen werden darf. Jeden Tag in der Eucharistie mit dieser göttlichen Liebe konfrontiert zu sein, kann auch überfordern. Wo früher oft Skrupulanz die Gläubigen hinderte, regelmäßig aus dieser Quelle das Leben zu empfangen, ist heute der Kommuniongang oftmals eine unreflektierte Selbstverständlichkeit geworden; wie durch einen unausgesprochenen Gruppenzwang ist es fast undenkbar geworden, zur Messe zu gehen, aber nicht die Kommunion zu empfangen. Ich meine hier nicht nur die Bereiche von Sünde und Schuld; auch das Bewusstsein, *wen* ich da empfangen darf, fehlt nicht selten. Es lohnt sich, darüber nachzudenken. Man sollte nicht »mit den Gedanken woanders« zur Kommunion gehen, wir empfangen nicht weniger als die Nahrung zum ewigen Leben, die Gott selber ist. Das ist jeden Tag ein enorm hoher Anspruch! Ich will es vergleichen mit einem Geschenk, das mir ein lieber Mensch macht. Es ist umso freudiger, wenn ein Geschenk eine Überraschung ist und ich spüre, dass sich da jemand wirklich Gedanken gemacht hat. Jeden Tag aber ein Geschenk zu bekommen, würde überfordern und zur Abflachung führen, beim Schenkenden und beim Beschenkten. Da es bei Gott aber nicht so ist und die Eucharistie jeden Tag neu das Geschenk des Lebens ist, braucht es dafür auch meine besondere Aufmerksamkeit, damit dieses Geschenk Gottes an mich ganz persönlich eben keine Abnutzung erfährt durch meine Gedankenlosigkeit und Routine.

Mit glaubendem Herzen

Eine Schriftstelle möchte ich noch in den Blick nehmen, die mir wichtig ist. Wie wir heute nicht nur in der Eucharistie viel empfangen dürfen, Gott selbst erfahren und genießen dürfen, so nahte sich Gott einst Maria, die das Wort Gottes Mensch werden lassen durfte. Mit ihrem *Fiat* hat sie diese Gottesnähe wie kein anderer Mensch zugelassen und sich dem Herrn in voller Freiheit ganz zur Verfügung gestellt, damit das Wort des Vaters in ihr Mensch werden konnte. Wenn wir schon kaum begreifen können, was es heißt, den Herrn zu empfangen, um wie viel mehr muss Maria die Urgewalt Gottes gespürt haben, als sie mit ihrem Ja das Gotteswort empfing? Maria bewahrte nicht nur alles Geschehene in ihrem Herzen, sondern sie meditierte es weiter, sie durchdachte es (vgl. Lk 2,19) und wuchs daran ihr Leben lang, was sie auch an die Grenzen des menschlich Ertragbaren führen sollte. In allem, was um sie herum passierte, und auch bei allem, was noch aus ihr gemacht wurde im Laufe der Kirchengeschichte, bleibt sie die stille Magd des Herrn, die junge und doch so reife Frau, die Ja sagte, vertraute und ihr Herz öffnete und darin den größten Schatz bergen sollte, den Gott zu bieten hat: seine Liebe, unseren Herrn Jesus Christus.

Gott schaut in unser Herz hinein. Und er möchte, dass wir es ihm geben, um es von ihm füllen zu lassen. Er möchte, dass wir ihn aus ganzem Herzen lieben, ihm dienen und ihn suchen, weil wir zu ihm gehören. Er will, dass wir aus ganzem Herzen zu ihm umkehren, wenn wir von seinen Wegen abweichen und ihm aus ganzem Herzen vertrauen. Mögen wir daher unser ganzes Herz unserem Vater geben.

3.
Durch deinen Tod und deine Auferstehung bist du zur Quelle des Lebens geworden

Der evangelische Theologe Karl Barth sagte einmal: »Der Mensch als Mensch schreit nach Gott; nicht nach einer Wahrheit, sondern nach *der* Wahrheit, nicht nach etwas Gutem, sondern nach *dem* Guten, nicht nach Antworten, sondern nach der Antwort, die unmittelbar eins ist mit der Frage ... Nicht nach Lösungen schreit er, sondern nach Erlösung.«[12] Diese Erlösung ist uns gekommen durch den Tod und die Auferstehung Jesu Christi; unnachahmlich schön sagt es ein Osterlied: »Nun freue dich, du Christenheit, der Tag, der ist gekommen, an dem der Herr nach Kreuz und Leid die Schuld von uns genommen. Befreit sind wir von Angst und Not, das Leben hat besiegt den Tod: Der Herr ist auferstanden.«[13] Das Leben hat den Tod besiegt; was paradox klingt, hat Gott möglich gemacht. In der alten Kirche wurde dies ganz leibhaftig dargestellt im Ritual der Taufe, die Leiden, Tod und Auferstehung – also die Feier des Osterge-

heimnisses – leibhaft erfahrbar machte. Der Weg zur Tauf-
kirche wurde gedeutet als der Weg Jesu nach Golgota hinauf,
das Hinabsteigen in das Taufbecken als Jesu Hinabsteigen in
den Tod. Dreimal wurde der Täufling ganz untergetaucht,
was symbolisch war für die drei Tage, die Jesus in der Unterwelt war. Und so, wie Jesus nach drei Tagen das Grab verließ als der ganz andere, als der auferstandene Herr, so ent-
stieg man auch aus dem Taufbrunnen als neuer Mensch, wie
Paulus sagt (vgl. 2 Kor 5,17). Das österliche Heilswerk wurde
hier ganz verdichtet, ganz existenziell am Getauften konkretisiert. Der Taufbrunnen bedeutet Untergang für alles Alte und
Quelle für das Neue. Die Quelle des christlichen Lebens entspringt somit aus einem Brunnen, der die Welten miteinander verbindet. Dieser Brunnen ist symbolisch gesprochen die
Unterwelt, in die Jesus im Tode hinabstieg, und das neue Leben, in das hinein Christus am dritten Tag auferstanden ist.
Das Leben hat den Tod besiegt, indem es den Tod eingebun-
den und an das Leben zurückgebunden hat: Vom Leben geht
es durch den irdischen Tod in das ewige Leben. Die Quelle
der Wasser des Lebens hat den Schmutz und den Gestank des
Todes weggewaschen und ihm so die Furcht und den Schre-
cken genommen. Gott hat erkannt, dass der Mensch nicht
unter dem Gesetz zum Leben kommen kann, wie Paulus
sagt, weil das Gesetz nicht erfüllbar war; es wurde dem Menschen zum Gericht und damit zum Verderben: Der Weg des
Volkes Israel ist trotz aller Bundestreue auch die Geschichte
der Untreue des Menschen gegen das Gesetz und der barmherzigen Treue Gottes zum Menschen, die sich bis heute fort-
setzt in der Kirche. Daher schreibt Paulus: »So waren auch
wir, solange wir unmündig waren, den Weltelementen un-

terworfen. Als aber die Zeit erfüllt war, sandte Gott seinen Sohn, geboren von einer Frau, dem Gesetz unterstellt, damit er die dem Gesetz Unterworfenen loskaufe, damit wir an Kindes statt angenommen würden.« (Gal 4,3–5) Den Weltelementen und der menschlichen Wankelmütigkeit unterworfen, griff Gott ein für allemal in die Geschichte heilswirksam ein und hob die Quelle des Lebens aus. Der Weg dahin war weit und Gottes Geduld groß. Es lohnt sich, einigen biblischen und liturgischen Suchbewegungen nach dieser Quelle auf den Grund zu gehen.

Der Weg zur Quelle

Der große Kirchenschriftsteller Origenes hat in seiner Predigtreihe zum alttestamentlichen Buch Numeri eines der vielleicht langweiligsten (wenn man das einmal so sagen darf) Kapitel dieses Buches ausgelegt und gedeutet, das Kapitel 33. Dort zählt der Verfasser des Buches Numeri minutiös sämtliche Stationen der Wüstenwanderung auf, die das Volk Israel in vierzig Jahren angesteuert hat.

> »Die Israeliten brachen also von Ramses auf und lagerten in Sukkot. Von Sukkot brachen sie auf und lagerten in Etam, am Rand der Wüste. Von Etam brachen sie auf, wandten sich nach Pi-Hahirot, Baal-Zefon gegenüber, und lagerten vor Migdol. Von Pi-Hahirot brachen sie auf und zogen mitten durch das Meer hinein die Wüste, sie wanderten drei Tage in der Wüste Etam und lagerten dann in Mara.« (Num 33,5–8)

Origenes sah hinter den Ortsnamen nicht nur das Schicksal des Volkes, sondern er las den Orten selbst ihr Programm ab, das sich hinter jedem Namen verbirgt. Der Ortsname *Ramses* beispielsweise steht übersetzt für »ruhelose Betriebsamkeit«, die die ägyptische Sklaverei mit sich brachte und aus der Gott sein Volk befreien wollte. Das Volk war umgetrieben und den Launen des Pharaos unterworfen. Es beklagte sich bei Gott, es wollte keine Lösungen, es wollte Erlösung von der Abhängigkeit und den Launen des »Gottmenschen« Pharao.

Das Land, das den Israeliten zur Zeit Josephs fast paradiesisch zu sein schien (vgl. Gen 47,27), wurde im Laufe der Zeit zu »Ägypten, dem Sklavenhaus« (Ex 20,2). Immer drängender wurde die Bitte des Mose an den Pharao: Lass mein Volk ziehen! (vgl. Ex 5,1) Je mehr sich der Pharao als Despot und Sklaventreiber erwies, desto mehr wuchs beim Volk der Wille, sich ganz JHWH, der Quelle des Glaubens und des Lebens zuzuwenden. JHWH wurde nun nicht mehr nur als der Gott Abrahams, Isaaks und Jakobs bezeichnet, er wurde vom Stammesgott zum Gott Israels, zum »Ich bin da für dich« (Ex 3,14), für jedes einzelne Kind des Volkes.

Der Name *Etam* steht für die Niederung, denn das Volk sieht nicht primär die Verbesserung der Situation, sondern eine Verschlechterung, es entdeckt seine eigene Niedrigkeit (vgl. Ex 13,20ff.). Der Herr wollte vor dem Volk ein weiteres Wunder wirken: »Ich werde das Herz des Pharao verhärten … Dann will ich am Pharao und an seinem ganzen Heer meine Macht erweisen. Die Ägypter sollen erfahren, dass ich der Herr bin« (Ex 14,4). Doch das Volk beginnt zu murren und vergisst die rettende Hand des Herrn. »Haben wir dies nicht schon in Ägypten gesagt: Lass uns in Ruhe! Wir wollen den Ägyptern dienen! Denn es wäre besser für uns, den Ägyptern zu dienen, als in der Wüste zu sterben« (Ex 14,12). Welche Niedrigkeit zeigt sich in *Etam* beim Volk! Eben noch sehnt es sich nach dem Land, in dem Milch und Honig fließen (vgl. Ex 3,17), nach der Quelle des Lebens, und schon vergisst es alle Hoffnung auf den Herrn und murrt[14]. Erst als die Gefahrensituation gebannt war, vertraute das Volk wieder, und als die Israeliten »die große Wundertat sahen, die der Herr an den Ägyptern gewirkt hatte, fürchtete das Volk den Herrn« (Ex 14,31). Mitgewirkt hat das Volk an seiner Rettung nicht, nur gemurrt hat es.

Der Ortsname *Mara* steht für die Bitterkeit, die sich im Volk breitmacht und immer wieder zu dessen großer Sünde wird. Nach drei Tagen in der Wüste stoßen die Israeliten voller Durst auf eine ungenießbare, bittere Quelle. Und schon macht sich wieder Panik und Unmut im Volk breit: »Da murrte das Volk gegen Mose und sagte: Was sollen wir trinken?« (Ex 15,24) Die Medizin gegen Bitterkeit ist der Herr selbst, der sich in *Mara* seinem Volk als sein Arzt vorstellt (Ex 15,26). Der Herr ist die Quelle des lebendigen Wassers, das imstande ist, den Schmutz und die Trübungen vom Auge des Herzens abzuwaschen und es sehend zu machen für Gottes Barmherzigkeit und Treue.

In *Elim* dann erreicht das Volk eine Oase mit Quellen und Palmen. Gottes Wort gibt Schatten und ist Quelle des Lebens, so deutet Origenes diese Station. Doch das Volk murrt sofort wieder. Es sieht jetzt nicht das lebensspendende Wasser, sondern blickt nur auf den Hunger nach irdischer Nahrung. Der Weg durch die Wüste ist noch lang …

Diese vier Beispiele der Stationen des Volkes Israel, wie sie im 33. Kapitel des Buches Numeri stehen und von Origenes gedeutet werden, sollen hier genügen. Im Sinne der Gedanken von Karl Barth, die wir an den Anfang dieses Kapitels gestellt haben, sehen wir, wie das Volk Israel in seiner Kurzsichtigkeit etwas Gutes mit *dem* Guten, eine kurzfristige Lösung mit *Er*lösung verwechselt. Es schreit nach Quellen der schnellen Befriedigung, der egoistischen Sorge nach dem Jetzt. Dabei verliert es die Quelle des wirklichen Friedens und die Sorge um das Bleibende aus dem Blick – es verliert Gott aus dem Blick, der sich dem Volk durch Mose als der »Ich-bin-da-für-euch« geoffenbart hat und dem nicht geglaubt wird. Für Karl Barth ist dieses Murren, dieses Schreien nach kurzfristigen Befriedigungen, ein Jagen nach falscher Ruhe. Er sieht in diesem Schreien nach Gutem, nach Wahrheit oder nach Antworten immer die Sehnsucht nach dem einen Guten und Wahren, nach dem Erlöser durchschimmern. Der Hang auch des Menschen von heute zur Befriedigung und zur Gier nach Mehr wäre somit die Perversion des wahren Durstes, der wohl dahinter liegt, des Durstes nach Gott. Doch es wird das Ding oder das Geschöpf mit dem Schöpfer verwechselt, und somit kann es auch nicht die Antwort auf die Suche, die Befriedigung auf das Verlangen, die Sättigung des Hungers sein, die hinter jedem Suchen stecken. Dieser Konsum ist ein Fass ohne Boden: Immer mehr füllt man rein, voll ist es nie; vielleicht kann sich kurzfristig Sättigung einstellen, Erfüllung aber bleibt aus.

Drei weitere wichtige Stellen in Bezug auf die »Quelle des Lebens« möchte ich noch beleuchten: Das Buch der Psalmen, den Propheten Jesaja und das Gespräch Jesu mit der Frau am Jakobsbrunnen.

Die Quelle des Lichtes

Die Bosheit redet zum Herzen des Sünders, keine Gottesfurcht hat er vor Augen. Trügerisch wähnt er in seinem Innern: keiner werde entdecken seine Schuld und verdammen. Seines Mundes Worte sind Bosheit und Trug: aufgehört hat er, weise zu denken und Gutes zu tun. Auf seinem Lager sinnt er Frevel, bleibt stehen auf schlechtem Weg ohne Scheu vor dem Bösen. Herr, bis an den Himmel reicht dein Erbarmen, deine Treue bis an die Wolken.

Wie die Gottesberge ist deine Gerechtigkeit, deine Gerichte sind wie die Tiefen des Meeres, Menschen und Tieren bist du ein Helfer, o Herr. Wie kostbar ist, o Gott, deine Huld! Zuflucht finden die Menschen in deiner Fittiche Schatten. Vom Reichtum deines Hauses werden sie satt, du tränkst sie aus dem Strom deiner Wonnen. Denn bei dir ist die Quelle des Lebens, in deinem Licht schauen sie das Licht. Deine Güte bewahre denen, die dich verehren; die lauteren Herzens sind, erhalte in deiner Treue. Der Fuß des Stolzen komme nicht über mich; des Sünders Hand, sie weise mich nicht hinaus. Siehe, die Frevler brechen zusammen, zu Boden sind sie geworfen und können sich nicht mehr erheben.

In diesem Psalm 36 heißt es: »Denn bei dir ist die Quelle des Lebens, in deinem Licht schauen sie das Licht.« Der Psalmbeter, hier König David, stellt die, die den Herrn als die Quelle ihres Lebens erkannt haben, dem Frevler entgegen, der entschlossen das Böse will. Ganz im Sinne des Wortes Karl Barths steht hier das Säbelrasseln des Frevlers für die Hybris der Selbstvergöttlichung des Menschen. Ehrfurcht vor Gott kennt er nicht (V. 2) und Angst vor dem Bösen hat er nicht (V. 5). Er, der Frevler, geht im Halbschatten der Dämmerung, sein Leben lebt er auf Kosten der anderen; das Licht lehnt er entschieden ab, er ist sich selbst Quelle der Genügsamkeit und hat Erlösung nicht nötig oder meint womöglich, sich selbst erlösen zu können. Das Bild, welches der Beter gegen die Erfahrung mit dem Frevler stellt, ist nicht seine Frömmigkeit oder seine Heiligkeit; der Selbstvergöttlichung stellt er den wahren Gott, die Quelle des Lichtes und des Lebens entgegen. Seine Güte umspannt die ganze Welt (V. 6), seine Gerechtigkeit, die aller Schöpfung gilt, spannt sich symbolisch vom höchsten Gipfel bis zum tiefsten Meeresgrund (V. 7). Die Quelle seines Erbarmens steht nicht nur für alle offen, sie reicht auch für alle (V. 9); niemals wird diese Quelle versiegen, denn sie ist da, um die ganze Schöpfung zu tränken und den Durst nach der Wahrheit zu stillen. In diesem Sinne ermutigt der Vers, das Leben zu wählen, das wahre Leben, denn der Mensch lebt im tiefsten von dem, was der Mund des Herrn spricht. Es geht hier ums Ganze: Der Psalmbeter will das Leben, der Frevler nicht. Die Kirchenväter sehen in dieser Quelle des Lebens den lebendigen Christus. Michaela Puzicha schreibt über unseren Vers aus Psalm 36 im Hinblick auf den Mönch:

»Die Berufungsfrage an den Menschen, ob er das Leben will, beinhaltet dreierlei: zum einen ist es die Zustimmung zu seinem eigenen Leben, zum zweiten die Entscheidung für das neue Leben in der Taufe und für das Mönchtum, aber erst in der dritten Bedeutung gewinnt der Vers seine tiefste und existentielle Entfaltung. Die Selbstbezeichnung Christi als das Leben bildet den christologischen Hintergrund des Psalmwortes. (…) Schon der Prolog des Johannesevangeliums macht diese Aussage: ›In ihm war das Leben und das Leben war das Licht der Menschen‹ (Joh 1,4). Die Ich-bin-Worte sprechen dies in eindrücklicher Klarheit aus: Jesus selbst stellt mit seinem ›Ich bin‹ die absolute Parallele und Korrespondenz her zum Gottesnamen, der sagt: ›Ich bin da‹ (Ex 3,14). Diese Zusage gilt über die Grenze des Lebens hinaus: ›Ich bin die Auferstehung und das Leben. Wer an mich glaubt, wird leben, auch wenn er stirbt.‹ (Joh 11,25). Doch soll sich bereits in der diesseitigen Existenz die Verheißung und Zusage bewahrheiten und verwirklichen: ›Ich bin gekommen, damit sie das Leben haben und es in Fülle haben‹ (Joh 10,10).«[15]

In diesen Worten wird noch einmal deutlich, dass das Gesagte *auch* für den Mönch gilt, aber vor allem für jeden, der Sehnsucht nach Menschwerdung hat. In diesem Sinne möchte ich unterstreichen, dass die Benediktsregel insgesamt eine Schule der Mönch-, Christ- und Menschwerdung ist und daher viel mehr darstellt als ein bloßes Regelwerk, welches die Tagesabläufe im Kloster koordinieren hilft. Sie stellt immer wieder klar, warum man ins Kloster geht und sich auf diesen Weg einlässt, nämlich um Gott zu suchen und »durch ihn und mit ihm und in ihm« das zu werden, was er für jeden Menschen vorsieht.

Von den Quellen des Lebens, die im Himmlischen Jerusalem entspringen, spricht Psalm 87:

> Es liebt der Herr seine Stadt, gegründet auf heiligen Bergen, Zions Tore mehr als alle Zelte in Jakob. Herrliches ist verkündet von dir, du Stadt Gottes! Rahab und Babel, ich werde sie zählen zu jenen, die mich verehren; Philister und Tyrer und Äthiopiens Volk, in ihr sind alle geboren. Und sagen wird man von Zion: Mann für Mann, in ihr sind alle geboren, er selber hat sie gegründet, der Höchste. In das Buch der Völker wird schreiben der Herr: In ihr sind alle geboren. Und im Reigentanze werden sie singen: All meine Quellen, sie sind in dir.

Im letzten Vers des Psalms 87 heißt es im Hinblick auf Jerusalem: »All meine Quellen, sie sind in dir« (V. 7). Viele der Psalmen, die von Jerusalem sprechen, sind Wallfahrtslieder; Lieder, die gesungen werden von den Pilgern auf dem Weg zur Gottesstadt, zunächst also dem irdischen Jerusalem, in dessen Mauern jeder fromme Jude einmal hatte beten sollen. Doch in diesem Psalm ist eine umgekehrte Bewegung zu spüren: Alles geht von Jerusalem aus, alle Völker sind dort geboren; es geht so weit, dass sich die Zugehörigkeit zu Völkern, Nationen und Stämmen aufhebt (V. 4) in der gemeinsamen Geburt in Jerusalem, denn »in ihr sind alle geboren« (V. 5). Somit ist auch nicht das irdische Pilgerziel der Stadt Jerusalem gemeint, sondern die himmlische Gottesstadt, der Wohnsitz Gottes. Dass es hier nicht um das Anpreisen eines Reiseziels geht, macht Vers 3 deutlich: »Herrliches ist verkündet von dir.« Weil Jerusalem die Stadt Gottes ist, kann sie als »herrlich« bezeichnet werden. Deshalb können auch Nationen hinströmen, die Israel feindlich gesinnt sind, wie sie aufgezählt werden: Ägypten, Babel, das Philisterland, usw. (V. 4). Gleichzeitig wird mit der Nennung der anderen Völker auch der ganze Raum von Nord nach Süd und von Ost nach West abgesteckt. Alle Feindschaft ist in der Gottesstadt getilgt, denn alle singen beim Tanz: »All meine Quellen, sie sind in dir« (V. 7). Hier geht es um die Pilgerfahrt *aller* Völker, um eine Verheißung, um eine Prophezeiung und um einen Zustand, der einmal sein wird, aber der noch nicht Gegenwart ist.

Mir kommt die Vision des Ezechiel (vgl. Ez 47) in den Sinn, der beschreibt, wie aus Jerusalem, aus der Wohnung Gottes, der Fluss hervorgeht, der, wie die Propheten verheißen, alles mit Leben beschenkt. Der Herr selbst ist diese Quelle (vgl. Ps 36,10); aus ihr schöpfen wir Gesundheit, Leben, Kraft, Trost, Freude, alles. Ohne diese Quelle wäre Zion eine dürre Steinwüste. Von einer Stadt, einer politischen Gemeinschaft könnten wir das nicht erwarten, aber von Gott her werden wir nie verdursten und keinen Mangel haben an irgendeinem Gut. In ihm ist die Quelle meines Glaubens und meiner Hoffnung, meines Lebens und meiner Freude. Ohne den Geist des Herrn könnte ich selbst auch nie zu einer Quelle werden; ich wäre ohne Segen und nie imstande, anderen zum Segen werden zu können. Wiedergeboren sind wir in Jerusalem, der Stadt Gottes, dort ist unsere Quelle – und ohne sie ist auch kein Leben möglich. So dürfen auch wir im Glauben mit dem Psalmisten beten: »All meine Quellen, sie sind in dir.«

Die Quelle in der Wüste

Auch beim Propheten Jesaja kommt der Quelle ein wichtiger Stellenwert zu. Gottverlassenheit und Gottvergessenheit des Volkes Israel heißt für den Propheten die totale Austrocknung des Volkes; das Volk lebt und lebt doch nicht, es geht in die Zukunft und hat doch kein Ziel, es ist ein Volk, doch hat es keine Einheit. Es hat sich selbst von der Quelle des Lebens, von seiner besonderen Erwählung abgeschottet. Durch die Sünde hat es den Zugang zur Quelle gekappt, die Wasser des Lebens können nicht fließen. Jesaja aber, der Meister der Gottesverheißung und der messianischen Prophetie des Heiles, beschreibt in unvergleichlichen Bildern, was passiert, wenn der Damm gebrochen ist und das Volk den Weg zur Quelle geht:

»Jauchzen sollen Wüste und dürres Land, jubeln soll die Steppe und erblühen. Wie eine Lilie soll sie blühen und jauchzen in hellem Jubel. Die Pracht des Libanon wird ihr geschenkt, die Schönheit von Karmel und Scharon. Nun schauen sie die Herrlichkeit des Herrn, den Glanz unseres Gottes. Stärkt die erschlafften Hände, und festigt die wankenden Knie!

Sagt den verzagten Herzen: Mut! Fürchtet euch nicht! Seht da, euer Gott! Es kommt die Rache, es naht Gottes Vergeltung! Er selber kommt, um euch zu retten. Dann öffnen sich die Augen der Blinden und tun sich die Ohren der Tauben auf. Dann springt der Lahme wie ein Hirsch, und die Zunge der Stummen jubelt. Denn in der Wüste brechen Wasser hervor und Bäche in der Steppe. Der dürre Boden wird zum See und das lechzende Land zu Wasserquellen. Die Befreiten des Herrn kehren heim und kommen mit Jauchzen nach Zion, ewige Freude auf ihrem Haupt. Sie erlangen Freude und Wonne, es fliehen Kummer und Seufzen.« (Jes 35,1–7a.10)

Was Gott immer schon für sein Volk gewünscht und vorgesehen hat, soll sich erfüllen, wenn das Volk diesen Gott bei sich aufnimmt und seine Geschichte gestalten lässt. Ohne Gott ist die Quelle des Lebens nicht da und das Volk ist zurückgeworfen auf sich selbst, es ist dann bloß ein kleines und unbedeutendes Bergvolk. Erst und nur Gottes Wille macht Israel zum verheißenen Volk und lässt ihm Kraft und Stärke und Bestand zukommen.

Auch wir können diesem großen Appell des Propheten vertrauen. Wir müssen einfach loslassen: unsere selbst gemachten Quellen, die so schnell versiegen; unsere selbst gezimmerten Wahrheiten, die vor Gott und seiner Wahrheit keinen Bestand haben; unsere kleine Vorstellung vom persönlichen Heil, die der großen Heilsgewissheit, die Gott uns gibt, nie das Wasser reichen können. Selbst aus der vertrockneten Erde unserer Lebenswüste lässt Gott Wasser des Lebens sprudeln. Gehen wir nicht oft, beschränkt durch einen egoistischen Blick auf uns selbst, wie mit Scheuklappen durchs Leben? Wir sehen nur, was wir sehen wollen, und ignorieren, was wir besser nicht sehen wollen. Der Herr will uns unsere Augen öffnen und uns das Wesentliche zeigen, sodass uns schließlich alles, was wir für so wichtig halten, nichtig und klein erscheint. Unsere Enttäuschungen und Traurigkeiten, die verfehlten Erwartungen an uns und vor allem an die anderen – all das wird er verwandeln. Wir werden darüber lachen, wie wir uns angestellt haben, um was wir uns gesorgt haben und worunter wir gelitten haben; all das wird null und nichtig in Anbetracht der Quelle des Lebens, die für uns sprudelt ohne Ende. Denn wir werden alle aus ihr trinken, Freund und Feind: Die, mit denen ich mir schwergetan habe, knien mit mir an der Quelle und trinken. Und jene, die sich mit mir schwertaten, kommen auf mich zu, schließen mich in die Arme und wir werden gemeinsam auf den Herrn schauen, der diese Quelle ist, unendlich, lebensbejahend, lebensspendend und gütig. Wir sind am Ziel, wir haben die erbarmende Liebe gefunden, weil sie sich hat finden lassen.

Der Gang zum Herrn, die Zuwendung hin zur Quelle, dies sei zum Schluss noch einmal deutlich gesagt, ist kein einmaliger Akt. Um geben zu können, muss der Mensch zuerst empfangen. Wer nur nimmt, erstickt irgendwann im Egoismus; wer nur gibt, verliert irgendwann sich selbst, weil er nichts mehr hat, was er geben kann, und selbst als Gabe entleert ist. »Der Mensch kann – wie der Herr uns sagt – zur Quelle werden, von der Ströme lebendigen Wassers kommen (vgl. Joh 7, 37–38). Aber damit er eine solche Quelle wird, muß er selbst immer wieder aus der ersten, der ursprünglichen Quelle trinken – bei Jesus Christus, aus dessen geöffnetem Herzen die Liebe Gottes selber entströmt (vgl. Joh 19,34).«[16]

Die Quelle der Wahrheit

Gern möchte ich noch einen Abschnitt aus dem Johannesevangelium in den Blick nehmen, der uns von der Begegnung Jesu mit einer Frau am Jakobsbrunnen erzählt (Joh 4,1–26):

Als Jesus erfuhr, dass den Pharisäern zu Ohren gekommen war, er gewinne und taufe mehr Jünger als Johannes – doch taufte Jesus nicht selbst, sondern seine Jünger –, verließ er Judäa und begab sich wieder nach Galiläa. Er musste aber durch Samarien reisen. So kam er zu einer Stadt in Samarien namens Sychar in der Nähe des Grundstücks, das Jakob seinem Sohn Josef geschenkt hatte. Dort war der Jakobsbrunnen. Jesus, müde von der Wanderung, ließ sich am Brunnen nieder. Es war ungefähr die sechste Stunde. Da kam eine samaritische Frau, um Wasser zu schöpfen. Jesus sagte zu ihr: Gib mir zu trinken! Seine Jünger waren nämlich in die Stadt gegangen, um Lebensmittel einzukaufen. Da sagte die Samariterin zu ihm: Wie kannst du, ein Jude, von mir, einer Samariterin, zu trinken verlangen? Juden verkehren nämlich nicht mit den Samaritern. Jesus antwortete ihr: Wenn du die Gabe Gottes kennen würdest und wer es ist, der zu dir sagt: Gib mir zu trinken!, dann hättest du ihn gebeten, und er hätte dir lebendiges Wasser gegeben. Sie sagte zu ihm: Herr, du hast kein Schöpfgefäß, und der Brunnen ist tief. Woher hast du also das lebendige Wasser? Du bist doch nicht größer als unser Vater Jakob, der uns den Brunnen geschenkt und selbst daraus getrunken hat samt seinen Kindern und seinen Herden? Jesus antwortete ihr: Jeder, der von diesem Wasser trinkt, wird wieder Durst bekommen. Wer aber von dem Wasser trinkt, das ich ihm geben werde, wird in Ewigkeit nicht mehr Durst haben; vielmehr wird das Wasser, das ich ihm gebe, in ihm zu einer Quelle werden, deren Wasser in das ewige Leben sprudelt. Da sagte die Frau zu ihm: Herr, gib mir dieses Wasser, damit ich keinen Durst mehr habe und nicht mehr hierher zu kommen brauche, um zu schöpfen. Er sagte zu ihr: Geh, ruf deinen Mann und komm wieder her! Die Frau antwortete: Ich habe keinen Mann. Jesus sagte zu ihr: Du hast richtig gesagt: Ich habe keinen Mann. Denn fünf Männer hast du gehabt, und der, den du jetzt hast, ist nicht dein Mann. Da hast du die Wahrheit gesagt. Die Frau sagte zu ihm: Herr, ich sehe, dass du ein Prophet bist. Unsere Väter haben auf diesem Berg angebetet, aber ihr sagt, in Jerusalem sei die Stätte, wo man anbeten muss. Jesus sagte zu ihr: Glaub mir, Frau, es kommt die Stunde, wo ihr weder auf diesem Berg noch in Jerusalem den Vater anbeten werdet. Ihr betet an, was ihr nicht kennt; wir beten an, was wir kennen, denn das Heil kommt von den Juden. Aber es kommt die Stunde und sie ist schon da, wo die wahren Anbeter den Vater im Geist und in der Wahrheit anbeten werden. Denn solche Anbeter sucht der Vater. Gott ist Geist und alle, die ihn anbeten, müssen im Geist und in der Wahrheit anbeten. Die Frau sagte zu ihm: Ich weiß, dass der Messias kommt – das heißt: der Gesalbte. Wenn er kommt, wird er uns alles verkünden. Jesus sagte zu ihr: Ich bin es, der mit dir redet.

Jesus setzt sich in Sychar in Samarien an einem Brunnen nieder, der auf dem Grundstück lag, welches Jakob seinem Sohn Joseph vermacht hat. Eine Frau kommt und Jesus bittet sie um Wasser, was die Frau verwundert, da sie eine Samariterin ist. Für die Frau ist das Anliegen Jesu unmöglich: Der Jude will Wasser aus der Hand der Samariterin. Jesus bleibt nicht an der Oberfläche der damaligen Verhaltensregeln stehen, sondern führt die Frau zur Grundfrage ihres Lebens, die sie nun, unverhofft in der Mittagshitze, ganz neu gestellt und gleich auch beantwortet bekommt. Jesu messianischer Anspruch tritt zutage, was die Frau nicht direkt versteht. Er wird deutlich: »Jeder, der von diesem Wasser trinkt, wird wieder Durst bekommen. Wer aber von dem Wasser trinkt, das ich ihm geben werde, wird in Ewigkeit nicht mehr Durst haben; vielmehr wird das Wasser, das ich ihm gebe, in ihm zu einer Quelle werden, deren Wasser in das ewige Leben sprudelt« (Joh 4,13–14). Jakob gab den Menschen den Brunnen und sorgte für das Leben der Menschen durch Wasser als Lebensmittel. Jesus, der sich am Jakobsbrunnen als der neue, größere Jakob offenbart, will sich für diese samaritische Frau öffnen, denn seine Sendung geht über Israel hinaus zu allen Menschen guten Willens, die sich von der Sehnsucht nach dem lebendigen Wasser ziehen lassen. Benedikt XVI. schreibt dazu: »Hier, am Jakobsbrunnen, begegnen wir Jakob als dem großen Stammvater, der mit dem Brunnen Wasser, das Grundelement des Lebens, geschenkt hat. Aber im Menschen gibt es einen größeren Durst – über das Brunnenwasser hinaus –, weil er nach einem Leben sucht, das über die biologischen Sphären hinausreicht.«[17] Auf diesen größeren Durst macht Jesus die Frau in bisher ungeahnter Form aufmerksam, denn sofort bricht die Sehnsucht aus ihr heraus: »Herr, gib mir dieses Wasser, damit ich keinen Durst mehr habe« (Joh 4,15). Es ist klar, dass die Frau noch nicht ganz versteht – wer könnte das schon – und noch hofft, dass das Wasser, was Jesus gibt, auch den natürlichen Durst löscht und das Schöpfen des Wassers verhindert. Doch erkannt hat die Frau den Herrn als den, dessen Wasser »demjenigen, der es trinkt, zur Quelle wird, die ins ewige Leben hineinsprudelt (4,14), so dass der Trinkende nie mehr dürstet.«[18]

Die Frau hat nun die lebendigen Wasser erfahren dürfen als Quelle des Heils und des Segens für ihr Leben. Und sie kann nicht anders, als diese Quelle auch anderen zugänglich zu machen, ihre Mission ist es, ihre Umgebung zu dieser Quelle zu führen, denn »viele Samariter aus jener Stadt kamen zum Glauben an ihn auf das Wort der Frau hin« (Joh 4,39). Wer diese Quelle für sich entdecken konnte, will sie nicht für sich allein; jeder, der sie für sich entdeckt hat, will diesen Geschmack des Lebens teilen und alle den Strom der Gnade erfahren lassen, den er oder sie selber erfahren hat – alles andere wäre eine Perversion, eine Verkehrung der Quelle in einen tödlichen Strudel, der resultiert aus dem Egoismus. Die tragischste Folge des menschlichen Egoismus ist Jesus am Kreuz; doch Gott hat die gekreuzigte Liebe zur Liebe vom Kreuz herab werden lassen. Er sagt: »Ich aber werde, wenn ich von der Erde erhöht bin, alle an mich ziehen.« (Joh 12,32). Vom Kreuz herab ist er dann zur Quelle des Lebens für alle Menschen geworden, wenn aus seiner Seite Blut und Wasser fließen, die Sakramente der Kirche, der Heilsgemeinschaft des neuen und ewigen Bundes. Jesus hat das Kreuz als Quelle von Leid und Tod durch sein Menschenkreuz, nämlich seine geöffneten Arme, zur Quelle gemacht, die alles an sich ziehen will. In diese Arme dürfen wir uns vertrauensvoll hineinwerfen, er hält sie immer offen für uns. In seinen Armen, an sein Herz gedrückt, sind wir an dem Ort, wo unser Herz zur Ruhe kommt, wo es Licht und Leben findet.

4.
Hilf uns, lebendige Menschen zu sein, die aus deiner Quelle schöpfen

Wirklich erst lebendig wird unser menschliches Dasein, so glauben wir als Christen, wenn es neugeboren ist in Christus. Die Taufe und alle anderen Sakramente der Kirche sind Begegnungen mit dem lebendigen Gott und Zeichen seiner Gegenwart, die er uns, seiner Kirche, geschenkt hat. Zu allen Zeiten hat Gott sich Menschen geoffenbart und sie mit Kraft ausgestattet, sie berufen, sein Werk auf dieser Welt zu bauen, so schwierig dies auch zeitweise ist.

»So geh nun«

Ein hervorragendes Beispiel einer Biografie »von Gott her gedacht«, die zeigt, wie Gott Menschen groß werden lässt, wie Menschen über sich hinauswachsen, Grenzen überschreiten und damit zu wahrhaften Persönlichkeiten werden können, ist die Biografie des Mose. Mose wurde zum Mann, der den Übergang der Israeliten von einem Stamm von Beduinen zu einem Volk mit einem Land begleitete.

Mose, das »verbotene Kind«, wuchs bei Hofe auf und wurde zum Prinzen eines Volkes, dessen Gott der Pharao war; dennoch wusste er um seine Abstammung und um sein Volk. Wegen des Mordes an einem Ägypter musste er fliehen und kam nach Midian, lernte die Tochter des Priesters Jitro kennen und blieb als Hirte bei dieser Familie – vom Prinz im Palast zum Schafhirten als »Ödgast« im fremden Land. Doch jetzt geschieht etwas Ungewöhnliches, was typisch für diesen Typen Mose ist.

Mose hütete die Schafe seines Schwiegervaters Jitro, des Priesters von Midian. Einmal trieb er die Schafe über die Steppe hinaus und kam zum Berg Gottes, zum Horeb. Da erschien ihm der Engel des Herrn in einer Feuerflamme, mitten aus einem Dornbusch heraus. Als er hinsah, nahm er wahr, dass der Dornbusch wohl brannte, aber vom Feuer nicht verzehrt wurde. Da dachte Mose: Ich will doch hingehen und dieses seltsame Schauspiel betrachten, warum der Dornbusch nicht verbrennt. Als der Herr sah, dass er herantrat, um nachzusehen, rief Gott ihm aus dem Dornbusch zu: Mose, Mose! Dieser antwortete: Hier bin ich! Da sprach er: Tritt nicht näher heran! Zieh deine Schuhe von deinen Füßen, denn der Ort, auf dem du stehst, ist heiliger Boden! Und er fuhr fort: Ich bin der Gott deines Vaters, der Gott Abrahams, der Gott Isaaks und der Gott Jakobs. Da verhüllte Mose sein Angesicht; denn er fürchtete sich, Gott anzuschauen. Der Herr sprach: Ich habe das Elend meines Volkes, das in Ägypten ist, wohl gesehen und sein Schreien über ihre Peiniger gehört. Ja, ich kenne seine Leiden. Darum bin ich herabgestiegen, um es aus der Gewalt der Ägypter zu befreien und aus diesem Land herauszuführen in ein schönes und weites Land, in ein Land, das von Milch und Honig fließt, in das Gebiet der Kanaaniter, Hetiter, Amoriter, Perisiter, Hiwiter und Jebusiter. Jetzt aber ist das Schreien der Israeliten zu mir gedrungen und ich habe auch gesehen, wie die Ägypter sie quälen. So geh nun! Ich will dich zum Pharao senden. Führe mein Volk, die Israeliten, aus Ägypten heraus! Mose aber sprach zu Gott: Wer bin ich, dass ich zum Pharao gehe und die Israeliten aus Ägypten herausführe? Gott erwiderte: Ich werde mit dir sein. Und dies soll dir als Zeichen dienen, dass ich es bin, der dich sendet: Wenn du das Volk aus Ägypten herausgeführt hast, werdet ihr Gott auf diesem Berg verehren. Da sprach Mose zu Gott: Wenn ich zu den Israeliten komme und ihnen sage: Der Gott euerer Väter hat mich zu euch gesandt, und sie mich dann fragen: Wie lautet sein Name?, was soll ich ihnen antworten? Da sprach Gott zu Mose: Ich bin der Ich-bin! Und er fuhr fort: So sollst du zu den Israeliten sprechen: Der Ich-bin hat mich zu euch gesandt.

»Mose hütete die Schafe seines Schwiegervaters Jitro, des Priesters von Midian. Einmal trieb er die Schafe über die Steppe hinaus und kam zum Berg Gottes, zum Horeb« (Ex 3,1). Hören wir das Besondere an dieser Stelle? Dieser Satz spielt mit einem Detail, was aber wesentlich ist für den weiteren Verlauf der Geschichte, obwohl es so unsinnig scheint, denn Mose trieb die Schafe über die Steppe hinaus. Was soll das? Midian ist eine Region mitten auf der Sinai-Halbinsel, es ist eine Region der Wüste. Nur da, wo Brunnen sind, ist Leben möglich. Nach der Oase kommt das Steppenland, Dürre herrscht vor, ein bisschen Gras und Gestrüpp wächst, gerade genug für ein paar Schafe. Es ist verrückt, was Mose macht, fast mörderisch, die Tiere über die Steppe hinauszutreiben. Doch Mose überschritt die Grenze von der Steppe zur lebensgefährlichen Wüste »und kam zum Berg Gottes, zum Horeb«. Was hat ihn getrieben? Wir wissen ja nicht, wo er genau war. Vielleicht hat er etwas wahrgenommen, was ihm komisch erschien. Sich mit Schafen einem Brandherd zu nähern, wäre sicher unklug, also muss es mehr gewesen sein, denn der Dornbusch brannte, aber wurde »vom Feuer nicht verzehrt« (V. 2). Mose ließ sich locken und hörte die Stimme des Herrn: »Ich bin der Gott deines Vaters, der Gott Abrahams, der Gott Isaaks und der Gott Jakobs« (V. 6). Sofort offenbart sich der Herr als der Gott, der da ist in der Geschichte der Menschen, noch ohne seinen Namen zu nennen, denn vorher benennt er die ersten Zeugen des Glaubens. Die Nennung der Stammväter des Mose musste ihm klarmachen, dass es der Gott auch seiner Geschichte ist; der Herr erzählt dem Mose vom Schicksal seines Volkes und zeigt damit, dass er um die Menschen weiß. Er berichtet kurz und knapp von dem Sklavendasein, das Israel in Ägypten führt. Und dann, völlig unverhohlen, kommt die Aufforderung: »So geh nun! Ich will dich zum Pharao senden. Führe mein Volk, die Israeliten, aus Ägypten heraus« (V. 10). Was ist das für eine krasse Ansage? Wollte Mose nicht einfach nur seiner Arbeit nachgehen und die Schafe hüten? Von jetzt auf gleich wird er zum Führer und Propheten, ja zu Gottes Sprachrohr berufen und gesandt, den göttlichen Auftrag zu erfüllen: Ein neues Leben beginnt. Mose willigt schließlich ein und fragt, wer ihn eigentlich sendet, wie der Name dieses göttlichen Auftraggebers ist. Gott antwortet mit dem bekannten und von nun an für die ganze Heilsgeschichte so elementaren Satz: »Ich bin der Ich-bin! Und er fuhr fort: So sollst du zu den Israeliten sprechen: Der Ich-bin hat mich zu euch gesandt« (V. 14).

In vielerlei Hinsicht ist dieser Satz bemerkenswert, auch für unser Bild von Gott heute. Dieser Gott will nicht einfach despotisch über seine Geschöpfe verfügen. Immer ist Freud und Leid der Menschen auch Freud und Leid Gottes. Dieses Miteinander ist durch das Konzept der Liebe, die die unbedingte Freiheit mit sich bringt, geprägt. Denn Gott geht mit durch die Geschichte. Doch je mehr Gott sich an Israel binden will und auch Israel an sich binden möchte, desto mehr muss er von sich preisgeben. Er beruft sich nun nicht mehr nur auf die Väter, die »ihren« Gott, einen Stammesgott unter vielen, verehrten, er nennt seinen Namen, der ihn gleichzeitig über alle anderen Götter- und Götzenbilder erhebt, denn dieser Gott ist da für die Menschen. Der Mensch ist nicht Spielball in der göttlichen Spielesammlung, vielmehr ist Gott da für den Menschen, damit er den wahren Weg des Lebens findet. Das »Ich bin da für dich« Gottes ist aber gleichzeitig auch ein liebevolles Werben um den Menschen, den Schritt auf ihn zuzugehen. Wie Mose über die Steppe hinausgeht, so soll der Mensch über den Tellerrand blicken, hinaus aus den engen Grenzen seiner fantasiegemachten Götterwelt hin zu dem Gott, der so viel mehr ist als unser Bild von ihm. Berufung heißt somit, das Angebot anzunehmen, mit Gott an der Seite durch das Leben zu gehen. Das »Ich bin« ist unüberbietbar und nicht beschränkt, es gilt ohne Wenn und Aber. Nur das in Freiheit gesprochene Ja als Antwort auf Gottes Ruf ist Voraussetzung, damit Gott sein Dasein für den Menschen konkretisieren kann, was er bei Mose auch direkt tut. Sofort geht er auf die Einwände des Mose ein und sichert ihm Hilfe zu, falls sein Auftrag zu scheitern droht. Er gibt ihm einen Stab (vgl. Ex 4,2f), er verspricht ihm Zeichen, falls seine mündliche Überzeugungskraft beim Pharao nicht ausreicht (vgl. Ex 4,6ff), und auch auf den Einwand hin, dass Mose nicht gut reden könne, verspricht er, ihm seinen Bruder Aaron als Redner an die Seite zu stellen.

Diese biblische Rede ist exemplarisch und steht für das völlige Dasein Gottes für den Menschen. Doch dies geschieht konsequent und in noch nie dagewesenem Ausmaß: Ein Gott tritt mit Menschen in Kontakt und nimmt sie in seinen Dienst, um seine Liebe ganz konkret durch Menschen zu den Menschen zu bringen; natürlich nicht im Sinne einer Vereinnahmung des Menschen, sondern zweckfrei, eben aus Liebe. Diese Begegnung mit dem lebendigen Gott hat Mose Großes tun lassen; seine Quelle des Lebens war der Herr, mit dem er verbunden blieb und mit dem er sein Wohl und Wehe teilte. So wurde Mose für die Welt zum ersten Zeugen des Ich-bin-da-für-euch-Gottes, weil er den Blick über den Tellerrand gewagt hat, neue und ungewohnte Wege ging, weil er die Mauern des scheinbar Unmöglichen übersprang und so die göttliche Qualität wirklichen Lebens erkannte.

Den Kopf verdreht

»Du hast mich verführt, o Herr, und ich ließ mich verführen« (Jer 20,7). Dieses Wort ist nicht etwa das Lusthauchen zweier Liebender, das Geflüster zweier sich erlegener Seelen. Es ist ein Vorwurf. Es ist der Vorwurf des Propheten Jeremia an Gott, mit dem er sein Prophetenschicksal beklagt. »Ich bin zum Gelächter geworden tagaus tagein, jedermann verhöhnt mich … Ist doch das Wort des Herrn für mich zum Hohn und Spott geworden den ganzen Tag« (Jer 20,7–8). Jeremia leidet unglaublich an den Umständen, unter denen er das Gotteswort den abtrünnigen Hirten Israels verkünden muss. Er ist gedrängt, den Mächtigen seiner Zeit im Namen Gottes dessen Wort an den Kopf zu werfen und riskiert genau diesen zu verlieren, wenn er sagt: »Wehe den Hirten, die die Schafe meiner Herde zugrunde gehen und sich zerstreuen lassen – Spruch des Herrn. Darum – so spricht der Herr, der Gott Israels, über die Hirten, die mein Volk weiden: Ihr habt meine Schafe zerstreut und auseinander getrieben und euch nicht um sie gekümmert. Deshalb zahle ich euch jetzt euere bösen Taten heim – Spruch des Herrn« (Jer 23,1–2).

Doch wie kam es zu diesem Auftrag? Schauen wir auf die Berufung des Jeremia. Gott brauchte wieder einmal ein Sprachrohr und berief sich Jeremia. Gott sagte diesem jungen Mann, dass er ihn schon vor dessen Geburt zum Prophetendienst berufen hatte: »Bevor ich dich im Mutterleib bildete, habe ich dich erwählt; bevor du aus dem Mutterschoß hervorgingst, habe ich dich geheiligt. Zum Völkerpropheten habe ich dich bestellt« (Jer 1,5). Als Jeremia den Auftrag bekam, war der Jubel nicht groß, wie man beim Elan oder der Abenteuerlust eines jungen Mannes vielleicht hätte annehmen können.

Er wusste, welch eine schwere Aufgabe ihm bevorsteht, und er nahm diese nicht leicht. Er versucht sich herauszureden: »Mein Gott, mein Herr, ich kann doch nicht reden, ich bin noch so jung.« (Jer 1,6). Aber das ändert nichts an Gottes Plan. Im Gegenteil: Gott sucht sich gern Leute aus, die nicht viel von sich selbst halten (wie Mose), und oft auch solche, von denen die Menschen nicht viel halten (wie David). Deshalb geht er gar nicht auf die Entgegnung Jeremias ein und bekräftigt nur seinen Auftrag: »Sag nicht: Ich bin noch so jung. Nein, wohin immer ich dich sende, dahin wirst du gehen, und was immer ich dir auftrage, das wirst du reden« (V. 7). Gott macht also keine Abstriche. Die ganze Botschaft sollte Jeremia bringen, unverkürzt und an allen Orten, wohin Gott ihn senden würde. Um ihn für diese Aufgabe zu ermuntern, gibt Gott diesem jungen Mann eine besondere Verheißung: »Fürchte dich nicht vor ihnen; denn ich bin mit dir, um dich zu retten« (Jer 1,8). Diese vier Worte »Ich bin mit dir« zählen mehr als alles andere, für Jeremia und auch für uns. Was nun geschieht, ist äußerst bemerkenswert: Gott streckt seine Hand aus und berührt den Mund Jeremias. Was das bedeuten soll, sagt Gott gleich dazu: »So lege ich meine Worte in deinen Mund« (Jer 1,9b). Genau das macht einen echten Propheten aus. Er bekommt Worte von Gott, die er treu an die Menschen weitergeben muss. In Jeremias Fall war die Botschaft zuerst eine negative: Es ging eben darum, auszurotten und niederzureißen, zu zerstören und abzubrechen. Allerdings um der positiven Botschaft willen: Er soll bauen und pflanzen (vgl. Jer 1,10).

Doch wie konnte es so weit kommen? Es ist wie immer, auch heute noch. Die Könige, denen Gott seinen Bund gegeben hat, werden abtrünnig. Sie fressen und saufen, sie huren herum, sie brechen das göttliche Gesetz, sie beten Götzen an, sie tun und lassen, was sie wollen, und haben dabei nur sich im Blick, weder das Volk, für das sie Verantwortung tragen, noch Gott. Dies alles kann man in einem Wort zusammenfassen: Die Könige haben Gott vergessen. Sie haben den vergessen, in dessen Namen sie regieren, sie haben vergessen, dass es noch eine Instanz gibt über ihnen, die *wirklich* richtet, die *wirklich* gerecht ist – sie haben Gott vergessen. Und Gott? Er leidet darunter. Denn er weiß: Wenn die Könige Gott vergessen, dann wird auch das Volk Gott vergessen. Gott liebt sein Volk und leidet darunter, dass es ihn nicht mehr kennen will. Somit ist eingetreten, was Gott dem Samuel verheißen hat (vgl. Sam 3,11ff.).

Die Traurigkeit Gottes

In den sogenannten *Improperien*, den Heilandsklagen der Karfreitagsliturgie, die unter anderem auf Texten des Buches Micha basieren, rufen wir nicht etwa zu Gott und klagen ihn an. Auch er klagt uns nicht an. Er kriecht im wahrsten Sinne des Wortes zu Kreuze: Ich habe dich, mein Volk, durch die Wüste geführt, du aber baust mir ein Kreuz auf. Ich habe dich in das Land geführt, in dem Milch und Honig fließen, und du hast mir Essig gegeben und mein Herz mit der Lanze durchbohrt. Ich habe dir die Königswürde gegeben und du krönst mich mit Dornen, und so weiter. Gott wirbt um sein Volk und er leidet darunter, wenn diese Liebe nicht erwidert wird. Sieh doch, ich habe dir alles Gute gegeben, warum traust du mir nur nicht? Gott wäre aber nicht Gott, wenn es keine Verheißung gäbe, denn er will nicht den Tod des Sünders, er will, dass er umkehrt und lebt (vgl. Ez 33,11).

In dieser Hinsicht tritt auch Jeremia als Mahner für Gott vor den Königen und »Hirten« des Volkes auf und verkündet den lebendigen Gott, der für sein Volk das Leben will: »Seht, es kommen Tage – Spruch des Herrn –, in denen ich dem David einen gerechten Spross erstehen lasse. Er wird als König herrschen und weise handeln, für Recht und Gerechtigkeit wird er im Land sorgen« (Jer 23,5). Dieser König ist nach christlicher Lesart Jesus von Nazareth – und wieder so anders, als man ihn sich damals wünschte und vorstellte. Er ist der König der Geduld, der Hirte aller Menschen, vor allem der Armen und Bedrängten, er ist der Erlöser unserer Unruhe, unserer Selbsterhöhung, unserer Armseligkeit und unserer Verfallenheit an den Tod. Denn Jesus hat Mitleid mit den Menschen, weil sie so oft leben wie Schafe, die keinen Hirten haben (vgl. Mk 6,34).[19]

Die Erfahrung lehrt uns aber, dass dieses Hin und Her wohl unser Schicksal ist, das Schicksal der Herde Gottes im Spannungsfeld von unserer Vorstellung vom Leben – da gibt es so viele Vorstellungen, wie es Menschen gibt – und dem Plan Gottes für und mit uns. Umgetrieben zu sein zwischen meinem Ich, das Gott als »Du« umwirbt, und meiner Sehnsucht, die ich immer wieder woanders zu stillen suche, nur nicht beim Herrn. Das ist nun einmal der Haken bei der Liebe, denn Liebe setzt Freiheit voraus und gewahrt diese. Gott lässt mir die Freiheit, mich für oder gegen ihn zu entscheiden. Doch ein Unterschied zwischen mir und Gott, zwischen meiner Liebe und seiner Liebe ist signifikant: Sein Angebot der Liebe ist konstant, über jedes vorstellbare Maß hinaus bleibt er bei mir und streckt mir die Hand entgegen, wo ich aus menschlicher Sicht schon längst alle Brücken abgebrochen hätte. Das ist Gott, das ist Liebe. Und Jeremia war Gottes Prophet, der den Menschen diese Spannung nehmen wollte, indem er für den, der um ihn warb, zum Sprachrohr geworden ist und damit auch gehörig zwischen die Fronten der Geschichte geriet.

»Hier bin ich, sende mich!«

Im sechsten Kapitel des Buches Jesaja finden wir die Berufungsgeschichte des anderen großen Mahners des Alten Bundes. Seine Berufung geschieht in der Konfrontation mit der Größe und Herrlichkeit Gottes und der Erkenntnis, dass er vor Gott schuldig ist, worauf Gott ihm seine Schuld vergibt und Jesaja sich zur Mitarbeit an Gottes Reich motiviert weiß (Jes 6). Drei wichtige Abschnitte gliedern das Berufungsgeschehen: Erstens die Vision Jesajas – Gott ist unfassbar groß: Jesaja sieht einen Bruchteil von Gottes Herrlichkeit. Gott sitzt auf einem hohen Thron als Herrscher, der unterste Zipfel seines Mantels füllt bereits den gesamten Tempel, so groß ist Gott (V. 1). Dieser Gott, der Herr der himmlischen Heerscharen, ist umgeben von Engeln, die aus Respekt vor Gott ihr Angesicht und ihre Füße bedecken (V. 2). Unablässig singen sie ihren Lobgesang »Heilig, heilig, heilig ist der Herr« und bringen damit die Größe Gottes und seine Unvergleichlichkeit im Himmel und auf der Erde zum Ausdruck. Der donnernde Lobgesang bringt die Fundamente des Tempels zum Erbeben und Jesaja erlebt in seiner Vision, wie sich der Raum mit Rauch füllt (V. 4). Dann folgt Jesajas Erkenntnis – Gottes Nähe deckt unsere Schuld auf (V. 5–7): Jesaja merkt in seiner Vision, dass er als Mensch nicht vor diesem unfassbar großen und heiligen Gott bestehen kann. Er erinnert sich an sein Leben, an das Volk Israel und dessen Lebensweise und hat Angst zu sterben, denn er hat Gott mit eigenen Augen gesehen und weiß, dass er selbst »unwürdig« ist, bei diesem Gott zu sein (V. 5). Auch hier geschieht dann Erstaunliches, etwas Zeichenhaftes: Einer der Engel berührt seinen Mund mit einer glühenden Kohle vom Altar (V. 6). Dies soll ein Zeichen dafür sein, dass Jesaja von seiner Schuld befreit wurde – Gott selbst hat ihn reingemacht. Jetzt ist Jesaja würdig, an diesem Ort zu sein – Gott hält ihn für gerecht. Auf die Erkenntnis der eigenen Schuld folgt die Vergebung der Sünden durch Gott. Das darf Jesaja am eigenen Leib erfahren (V. 7). Und schließlich Jesajas Antwort – Gott motiviert zum Dienst (V. 8): Diese Tatsache, als neuer Mensch vor dem Schöpfer und Lenker der Welt zu stehen, bewegt Jesaja nachdrücklich. Er hört Gottes Stimme rufen: »Wen soll ich senden?«, und antwortet, motiviert durch die neue Freiheit: »Hier bin ich, sende mich!« (V. 8) Jesaja wird von Gott zum neuen Leben wiedergeboren durch seine Berufung. Von Gott her erfährt er, wie das neue, das wahre, das wirkliche Leben ist, welches den Menschen erst Mensch sein lässt in seinem eigentlichen und von Gott her gedachten Sinne: Frei zu sein in Gottes Freiheit und sich darin als Kind Gottes erfahren zu können.

Die Berufung des Propheten Jesaja ist in einem wunderbaren Text des US-amerikanischen Songwriters Dan Schutte besungen, der das Werben Gottes um den Menschen, um uns alle, in großer und zu Herzen gehender Sprache ausdrückt. Das Frage-und-Antwort-Spiel dieses Textes betrifft auch uns: Meinst du etwa wirklich mich? Es geht darum, die Stimme Gottes, die mich ruft, in meinem Leben, so wie ich bin, im Lärm der Zeiten zu hören und herauszufiltern. Wenn Gott es ist, der ruft, können wir eben nicht mehr anders als schüchtern im Blick auf unsere Kleinheit, aber im Vertrauen auf Gottes Beistand und trotz aller widrigen Umstände mit Jesaja antworten: Hier bin ich, Herr! Sende mich!

> Ich, der Meer und Himmel schuf, hörte meines Volkes Ruf. Die in Knechtschaft zu mir schrei'n, will ich befrei'n. Ich, der Mond und Stern gemacht, sende Licht in ihre Nacht. Wer will Friedensbote sein? Wer ist bereit?
>
> Ich, der Herr von Sturm und Schnee, trug des Volkes Leid und Weh, habe oft um sie geweint. Sie sind verirrt. Ich zerbrech ihr Herz aus Stein, pflanze Liebe in sie ein, will sie rufen durch mein Wort. Wer ist bereit?
>
> Ich, der Feuer lenkt und Wind, sorg für die, die elend sind, lade sie zu meinem Fest und rette sie. Ich schenk ihnen gutes Brot, dass kein Hunger sie bedroht, geb mein Leben für sie hin. Wer ist bereit?
>
> Ich bin hier, Herr. Meinst du mich, Herr? Deinen Ruf vernahm ich in der Nacht. Ich will gehn, Herr. Führe du mich. Leg dein Volk mir tief in Herz und Sinn.[20]

Gott legt hier dar, wie er mit seinem Volk geht, weil er der lebendige Gott ist, der Gott des Lebens. Er will, dass auch wir leben und mit ihm leben, nicht ohne ihn. Die Aufzählung von Heilstaten sind nicht Prahlerei, sondern Beleg für die bleibende Gegenwart in der Geschichte, für die Gültigkeit des Bundes und das bestehende Versprechen, welches er mit der Offenbarung seines Namens gegeben hat: Ich bin da für dich.

»Ich bin...«

Dieses »Ich bin da« wird schließlich unüberbietbar in Jesus Christus und seiner Berufung konkretisiert. An mehreren Stellen im Johannesevangelium nimmt er Gottes Selbstoffenbarung auf und variiert sie. So wollen wir noch einen Moment bei den Ich-bin-Worten Jesu innehalten. »Ich bin« ist zuerst einmal eine Selbstaussage. Ich bin auf dieser Welt und bin ein Mensch, ich habe ein Bewusstsein meiner selbst, will mich auch darin erfahrbar machen und kann von daher auch auf Gottes Gottsein schließen. Göttlich wird diese Aussage Jesu, weil er sie mit Attributen versieht, die bleibend sind, die unser menschliches Fassungsvermögen, aber auch unsere wirklichen Möglichkeiten übersteigen. So sehr wir es auch wollen, werden wir niemals vollendet lieben können, weil wir nicht in der Lage sind, alles und jeden umfassend anzunehmen.

Wie schwer fällt heute manchmal der Satz »bis dass der Tod uns scheidet« den Eheleuten, die Profess den Ordensleuten oder die Versprechen der Kandidaten für die Weihe vor dem Bischof. Wir können über uns und schon gar nicht in Bezug auf andere mit einhundertprozentiger Gewissheit und Sicherheit Aussagen treffen oder allumfassende Versprechen ablegen, allerdings brauchen wir das auch gar nicht. Jesus tut es für uns. Er erwartet nicht, dass wir einhundertprozentig sind, er wünscht sich nur, dass wir dies auch einsehen und uns daher loslassen in seine Hand hinein, um in ihm alles zu finden – alles, was uns fehlt, und alles darüber hinaus, damit wir seine Gnade an uns wirken lassen.

»Ich bin das Brot des Lebens. Wer zu mir kommt, wird nie mehr hungern, und wer an mich glaubt, wird nie mehr Durst haben« (Joh 6,35). Dieses Wort spricht Jesus nach der Brotvermehrung in Tiberias in der Synagoge von Kafarnaum. Er vermutet, dass man ihn suchte, weil die Leute mehr Brot haben wollten (V. 26). »Müht euch nicht um die Speise, die vergänglich ist, sondern um die Speise, die für das ewige Leben bleibt und die der Menschensohn euch geben wird« (V. 27). Auf die Frage, was zu tun sei, um die Werke Gottes zu vollbringen, sagt Jesus, dass man an den Gesandten des Vaters glauben solle; damit verweist er auf sich. Die Leute wollten ein Zeichen wie das Zeichen des Mose (V. 30–31). Doch Jesus sagt: »Amen, amen, ich sage euch: Nicht Mose hat euch das Brot vom Himmel gegeben, sondern mein Vater gibt euch das wahre Brot vom Himmel. Denn das Brot Gottes ist der, der vom Himmel herabkommt und der Welt Leben gibt« (V. 32–33). Die Leute jedoch verstanden Mose nicht. Auf sein Gebet um Brot in der Wüste hin ließ Gott das Manna regnen. Es war primär gedacht als Zeichen der Gegenwart Gottes. Wenn man es auf die Nahrung reduzieren würde, wäre es nur Erdenbrot.[21]

Von Jesus, der sie weiterführt, wollen sie nun auch dieses Brot, welches ihnen das Leben gibt, und Jesus offenbart sich als das Brot des Lebens (V. 35). Dabei überträgt er die Sättigung durch Nahrung auf das Bei-ihm-Sein und das An-ihn-Glauben. Die religiösen Eiferer haben da wieder einmal nicht richtig hingehört: Sie murren nicht über seine Aussage, dass er das lebendige Brot sei, sondern darüber, dass er sagte, er sei vom Himmel gekommen (V. 42–43). Hier ist noch zu sagen, dass das Wort Gottes, die Tora, das »Brot Gottes« ist, die geistlich-geistige Nahrung Israels. Dies ist wichtig, um die Auseinandersetzung mit den Juden zu verstehen. Benedikt XVI. schreibt:

> »Der Mensch aber hungert nach mehr, braucht mehr. Die den Menschen als Menschen nährende Gabe muss größer sein, auf einer anderen Ebene liegen. Ist die Tora diese andere Nahrung? Irgendwie kann ja der Mensch in ihr, durch sie, den Willen Gottes zu seiner Nahrung werden lassen (vgl. Joh 4,34). Ja, die Tora ist ›Brot‹ von Gott her; aber sie zeigt uns sozusagen nur den Rücken Gottes, sie ist ›Schatten‹. Das Brot Gottes ist der, der vom Himmel herabsteigt und der Welt Leben gibt (Joh 6,33).«[22]

Durch das Wort der Tora, das wir als geistliche Nahrung betrachten sollen, nehmen wir Gottes Wort in uns auf; aber erst in Jesu Leib und Blut empfangen wir wirklich die Nahrung des Himmels. Dazu ist er gekommen: Ich bin das lebendige Brot *für euch*. Wenn wir ihn essen und trinken, bei ihm unseren existenziellen Hunger stillen, dann erfahren und empfangen wir direkt Gott und seine Gnade. Machen müssen wir eben nichts, wie die Israeliten es erwarten (V. 28), nur uns von seiner Gnade beschenken lassen und glauben. »Das Höchste und Eigentliche können wir nicht selber erleisten; wir müssen uns beschenken lassen und sozusagen in die Dynamik des Geschenkten eintreten. Dies geschieht im Glauben an Jesus, der Dialog, lebendige Beziehung mit dem Vater ist und in uns wieder Wort und Liebe werden will.«[23]

Ein »Ich-bin-Wort« möchte ich abschließend noch betrachten, weil es auch für mich als Benediktiner von Maria Laach eine besondere Bedeutung hat. In der Apsis unserer Abteikirche befindet sich ein großes Christus-Mosaik, der Pantokrator, der Allherrscher. In der linken Hand hält er das offene Evangeliar, und der Betrachter kann darin die Worte lesen: *Ego sum via, veritas et vita* – Ich bin der Weg, die Wahrheit und das Leben (Joh 14,6). Dieses »Ich-bin-Wort« spricht Jesus im Kontext des Hohepriesterlichen Gebetes am Vorabend seiner Passion. Ich denke, dass die Reihenfolge der Worte wohl gewählt und sinnvoll ist. Wenn wir unseren Weg in dem Glauben gehen, dass Christus uns ruft, sind wir der Wahrheit auf der Spur und werden in die ganze Wahrheit eingeführt werden (vgl. Joh 16,13). Schließlich kommen wir im Erkennen der Wahrheit zu Christus, dem wahren Leben; nicht zu »meinem« Jesus, wie ich ihn mir mache und denke, wie ich ihn brauche, sondern zum wahren Christus, zum Erlöser, in dem ich einst aufgehen darf und endlich alles loslassen kann, was mich noch von ihm fernhält. Diesen Weg zu beginnen ist ein Exodus und somit angelehnt an den Exodus Israels; ich muss über meine Grenze hinausgehen wie Mose, um den Weg zu sehen und zu gehen, den Weg hinaus in die Freiheit, die das Leben in Jesus bedeutet.

> »Darin drückt sich unser Bewusstsein aus, nicht im Freien zu leben, nicht dort zu sein, wo wir eigentlich hingehören. … Wir sind nicht an dem Ort, an dem wir sein sollen, und wir leben nicht in der Weise, in der wir leben möchten. Wir finden uns genau in der Lage der Jünger, zu denen Jesus sagt: ›Wohin ich gehe, dahin

kennt ihr den Weg‹, worauf Thomas fragt: ›Herr, wir wissen nicht, wohin du gehst; wie sollten wir den Weg dahin kennen?‹ (Joh 14,5).«[24]

Oft denke ich, dass wir schon wissen, was der Weg eigentlich ist, und doch gehen wir einen anderen, einen eigenen – weil wir Jesus nicht trauen.[25] Das ist die Ursünde. Benedikt XVI. beschreibt zwei mögliche Wege, vor denen Mensch und Menschheit immer schon standen. Der eine ist der, den die Schlange im Garten zeigt: Mach dich los von der Sklaverei der Unmündigkeit und nimm dir die Kraft, die Mauer zu überspringen, in deren Grenze Gott dich hält, denn du kannst selber Gott sein; du, Mensch, bist dein eigener Gott, dies ist dein Recht! Jesus weiß um diese Versuchung und stellt sie uns im matthäischen Bild vom Weltgericht klar vor Augen und beschreibt damit den zweiten Weg: Hast du dir nur selbst gehört oder hast du geliebt (vgl. Mt 25,31–40)? Das wird die Frage sein, die wir in diesem Leben vor Augen haben sollten, an der wir wirklich unser Leben ausrichten müssen, wenn es uns ernst ist mit Gott und mit dem Leben. Jesus bietet uns seine Hand an, damit wir diesen Weg gemeinsam mit ihm gehen können, damit er trotz unserer Wankelmütigkeit für uns gangbar wird.

Das Abbild des Vaters

Wahrheit ist heute im religiösen Kontext landläufig ein Unwort. Bei vielen steht dieses Wort für Intoleranz, Besserwisserei und es wird als Bedrohung angesehen, wenn jemand »mit der

Wahrheit« kommt. In Christus ist Wahrheit aber Verheißung und darum müssen wir in ihm nach diesem Wort und seinem Sinn fragen. Ein Gedanke kann uns diesem Thema etwas annähern. Benedikt XVI. weist darauf hin, dass Wahrheit und Freiheit untrennbar miteinander verbunden sind:

> »›Ich nenne euch nicht mehr Knechte, sondern Freunde‹, sagt der Herr, ›denn der Knecht weiß nicht, was der Herr tut, euch aber habe ich Freunde genannt, weil ich euch alles kundgetan habe, was ich von meinem Vater gehört habe‹ (Joh 15,15). Unwissenheit ist Abhängigkeit, ist Sklaverei. Wer nicht weiß, bleibt Knecht. Erst wo sich Verstehen auftut, wo wir anfangen, das Wesentliche zu begreifen, beginnen wir, frei zu werden. Eine Freiheit, aus der die Wahrheit herausgenommen ist, ist Lüge. Christus die Wahrheit, das bedeutet: Gott, der uns aus unwissenden Knechten zu Freunden macht, indem er uns zu Mitwissern seiner selbst werden lässt. Das Bild des Freundes Christus ist uns teuer, gerade heute, aber seine Freundschaft besteht darin, dass er uns ins Vertrauen gezogen hat, und der Raum des Vertrauens ist die Wahrheit.«[26]

Gott schenkt uns in Jesus Christus das Bild seiner selbst, er zeigt uns, wie er ist. Und an dieser Wahrheit lässt er uns durch die Taufe teilhaben. Als seine Freunde zieht er uns in sein Vertrauen und zeigt sich ganz und gibt alles für uns. Der Gipfelpunkt seines Freundschaftsangebotes ist seine gekreuzigte Liebe und sein offenes Herz (vgl. Joh 19,34). In dieser gekreuzigten Liebe zeigt sich eine andere Art des Lebens, als wir es kennen, als unsere Zeit es lebt. Wenn wir heute Menschen mit dem Wort des »Lebens in Fülle« (Joh 10,10) konfrontieren, würden sie dies wahrscheinlich uneingeschränkt bejahen, womöglich aber in ganz anderer Hinsicht, als Jesus es meint.

Die Gier nach Leben ist unglaublich stark heute, aber in der Pervertierung des eigentlichen Sinnes. Wir wollen beispielsweise immer älter werden, dabei aber völlig gesund bleiben; wir wollen immer reicher werden und unsere Standards halten und beständig verbessern, kehren aber unter den Teppich, dass das kontinuierlich auf Kosten eines großen Teils der Weltbevölkerung geht; wir wollen alles gut und billig kaufen, übersehen aber, dass das nur möglich ist, wenn anderswo die Umwelt zerstört, Tiere gequält und Menschen ausgebeutet werden. Kurz: Das Wort vom »Leben in Fülle« bezieht sich so gesehen nur auf mich; ich ziehe eine Mauer um mein Leben, lasse nur die hinein, denen ich traue und die mir nützlich sind; den Blick über die Mauer wage ich besser nicht, um mein Gewissen nicht zu trüben. Schließlich können wir erkennen, vielleicht in stillen, aber doch eindringlichen Momenten, dass der Durst, der unser eigentlicher Motor im Leben ist, so nicht gestillt werden kann. Lebendig sind wir heute oft tot, in den Wüsten unserer Zivilisation verdursten wir innerlich, weil das »Immer mehr« der Welt doch nichts anderes gibt als das Spiegelbild mit der Fratze des Egoismus. Die Kirchenväter sehen in dem Fels, aus dem die Quelle in Meriba entspringt (vgl. Ps 95,8), ein Bild für Christus, den wir in Wahrheit suchen und dem wir uns, um aus dem Strudel des Egoismus zum Leben zu gelangen, zuwenden müssen.

»Das Leben, das wirkliche, kann man nicht bloß ›nehmen‹, nicht bloß empfangen. Es zieht uns in seine Dynamik des Gebens hinein – eine Dynamik Christi, der das Leben ist. Trinken aus dem lebendigen Wasser des Felsens heißt einwilligen in das Heilsgeheimnis des Wassers und des Blutes. Das ist der radikale Gegensatz zu jener Gier, die in die Droge treibt. Es ist das Einwilligen in die Liebe, und es ist das Eintreten in die Wahrheit. Und eben das ist Leben.«[27]

Leben können wir nur in Christus, niemals ohne oder gar gegen ihn. Wenn wir aus seiner Quelle schöpfen und uns von ihm immer wieder unseren Egoismus abspülen lassen, um das reine Leben sehen zu können, dann sind wir in Gemeinschaft mit ihm, dann sind wir seine Freunde. Und vor allem werden wir dann Zeugen des Lebens und Mitarbeiter der Wahrheit, die den Menschen, zu denen wir gesandt sind, immer wieder diese Quelle zeigen, aus der wir alles schöpfen, was wir zum Leben brauchen.

5.
Schenke uns die Gnade, dass auch wir selbst zur Quelle werden, um unserer Zeit Wasser des Lebens zu geben

Man weiß natürlich nie, wer in den Beichtstuhl hinein-kommt, wenn die Tür aufgeht. Vor einiger Zeit durfte ich etwas ganz Besonderes erleben. Die Tür ging auf und ein äl-terer Herr schob eine noch viel ältere Dame im Rollstuhl in das Beichtzimmer. Er stellte sich als der Sohn der weit über neunzigjährigen Frau vor. Die Frau wollte noch einmal über ihr Leben reflektieren, weil sie spürte, dass der Tod nahe war. Vor allem ging es ihr aber um die Frage, und das hat mich wirklich umgehauen, ob Gott gnädig ist, ob er barmherzig ist. Sie erzählte mir von dem Gottesbild eines unnachgiebig gerechten Richters, der vom Thron her Recht spricht und al-les aufdecken wird und dann straft, wie es das Recht vorsieht. Dieses Bild hat ihr Leben geprägt und sie schien mir sehr aufgelöst. Schließlich versuchte ich, sie zu beruhigen und ihr klarzumachen, dass dieses Gottesbild eine Schlagseite hat, also zu einseitig dargestellt ist. Natürlich ist Christus auch der Richter über die Lebenden und die Toten, wie wir es im Credo bekennen oder wie es uns zum Beispiel das Matthäusevangelium in Jesu Gerichtsrede (Mt 25,31–46) überliefert. Aber es gilt, in der Seelsorge und in der Verkündigung besonnen mit diesem Bild umzugehen; noch viel wichtiger ist es, und ich möchte jetzt bewusst mit einem Schlagwort arbeiten, aus der Frohbotschaft keine Drohbotschaft zu machen. Konkret heißt die Frage: Wie verkündet Christus sich selbst und wie verkündet ihn die Kirche? Jedes überzogene Bild hat immer mehr mit dem Verkündiger als mit Christus zu tun. Wo Fragen entstehen und Bilder nicht mehr klar sind, ist es die Aufgabe der Verkündigung, diese Bilder darzulegen und aus ihrem Kontext heraus zu deuten und damit fruchtbar zu machen, ohne die Bedeutung zu schmälern oder gar umzudeuten oder zu verharmlosen. Alles andere hat sonst möglicherweise auch schwerwiegende Folgen, was ich wiederum in meinem Gespräch mit der Frau deutlich spürte. Nachdem ich der Frau dann von der Barmherzigkeit und Geduld Gottes erzählte, fragte sie mich: »Herr Pater, glauben sie das wirklich?« Nach einem kurzen Innehalten sagte ich ihr aus echter Überzeugung: »Ja, das glaube, nein, das *weiß* ich aus tiefstem Herzen.« Am Ende bat mich die Frau um den Segen und ich sollte ihr die Hände auflegen und mir kamen die Tränen, denen ich, nachdem die Frau dann wieder weg war, freien Lauf lassen musste. Dies war wohl die bisher tiefste Erfahrung in einem Seelsorgegespräch, in der ja letztlich Christus der Kommunikator ist, der gegenwärtig ist, mit dem gesprochen wird und der die Antwort geben will. Vor jeder Beichte bete ich, dass ich Christus verkünden möge und in der Lage bin, sein Wort der Barmherzigkeit so zu kommunizieren, dass Menschen von dieser Lebensquelle satt werden. Dieses Gespräch war für mich ein unwahrscheinlich froher und tiefer Augenblick der Gewissheit, auch selbst – aus Gnade – für andere zur Quelle werden zu können, wie es in unserer Gebetsbitte formuliert ist. Das ist außerdem eine Aufgabe, die alle Getauften betrifft, nämlich Menschen die Quelle, die Jesus Christus ist, zugänglich zu machen.

> »Mir ist alle Gewalt gegeben im Himmel und auf der Erde. Darum geht und macht alle Völker zu Jüngern und tauft sie auf den Namen des Vaters und des Sohnes und des heiligen Geistes, und lehrt sie alles halten, was ich euch aufgetragen habe. Seht, ich bin bei euch alle Tage bis ans Ende der Welt« (Mt 28,18–20).

Dieser Sendungs- oder Missionsauftrag, mit dem Jesus uns sendet, bindet uns an ihn zurück; wir sollen nicht uns verkünden, sondern ihn. Und so wie Jesus mit dem Vater eins ist, sollen wir in der Nachfolge mit ihm eins sein, an ihn gebunden das Evangelium leben und verkünden. Wir haben geschaut auf Jesus als die Quelle unseres Lebens, als unseren Weg, unsere Wahrheit und unser Leben. Menschen, die dieser Quelle begegnet sind, die getrunken haben aus dieser Quelle, können auch für andere zur Quelle werden. In diesem Sinne möchte ich einige biblische Personen in den Blick nehmen, die, bereichert durch Begegnung mit dem lebendigen Gott, selbst zu einer Quelle für andere Menschen geworden sind.

Simeons Hoffnung

Der greise Simeon war, wenn man so will, ein Mann des Übergangs. Ähnlich wie Johannes der Täufer verbindet er den Alten mit dem Neuen Bund, steht an der Schwelle beider Testamente. Er ist zwar nach der Begegnung nicht mehr zur Quelle geworden, um seiner »Zeit Wasser des Lebens zu geben«, aber er war vor der Begegnung durch seine Sehnsucht nach dem Messias ein Zeuge des Lichtes, das er von Gott erwartete. Der Heilige Geist war es, der diese Sehnsucht in ihn legte, denn dieser »ruhte auf ihm« (Lk 2,25). Zusammen mit Hanna steht er für das gläubige Volk Israel, das den Messias erwartet. Benedikt XVI. weist in diesem Zusammenhang darauf hin, dass Simeon die Rettung, wörtlich »den Trost Israels« (V. 25) erwartete; Simeon ist dem Tempel nahe. Gemeint ist hier weniger der Tempel aus Stein, sondern vielmehr die Weisung Gottes; so lebt er in der beständigen Begegnung mit Gott und erwartet von ihm den Trost Israels. »Er ist ein geistlicher Mensch und darum sensibel für die Anrufe Gottes, für seine Gegenwart.«[28] Das »Nunc dimittis« lässt tief in die Seele, in den Glauben und in die Sehnsucht des Simeon blicken. In diesem Lied werden dem Messias zwei Attribute zugeschrieben,[29] die dem Buch des Propheten Jesaja entnommen sind, dem ersten und zweiten Lied vom Gottesknecht.

Simeon nennt Jesus »ein Licht zur Offenbarung für die Heiden« (Lk 2,32; vgl. Jes 42,6;49,6). Er erkennt damit in Jesus diesen Gottesknecht, den Jesaja prophezeite, und bindet ihn damit über die Abstammung seiner Eltern hinweg auch theologisch an den Bund Israels mit Gott. Das Wort von der »Herrlichkeit für dein Volk Israel« (Lk 2,32; vgl. Jes 46,13) ist ein

Trostwort des Jesaja, welches er dem besorgten und verängstigten Volk sagt: »Mein Heil lasse ich nahen, es ist nicht mehr fern und meine Hilfe verzögert sich nicht. In Zion spende ich Heil, für Israel meine Herrlichkeit.« (Jes 46,13) Jeden Tag dürfen auch wir den Herrn in unsere Hand empfangen. Er will zu uns kommen, um unsere Dunkelheit zu erleuchten und uns das Heil immer neu zu schenken und um leiblich erfahrbar zu machen, was wir in der Taufe und der Firmung empfangen durften. In der Profess haben wir Ordensleute uns beispielsweise diesem Licht verschenkt, damit auch wir zum »Licht der Welt« (Mt 5,14) werden können. Jesus sagt: »Solange ich in der Welt bin, bin ich das Licht der Welt« (Joh 9,5). Daraus erwächst für uns die Berufung, sein Licht beständig weiter in diese Welt zu tragen, denn wir sollen »vor den Menschen leuchten« (vgl. Mt 5,16), leuchten durch ihn, mit ihm und in ihm. Wir empfangen das Licht, um Licht zu werden für ihn.

Wir haben seinen Stern gesehen

Noch vor der Begegnung Jesu mit Simeon, und dies ist für die Kirche im Großraum des Rheinlandes von besonderer Wichtigkeit, steht die Begegnung der Weisen aus dem Morgenland mit dem neugeborenen König. Sie sind die ersten Heiden, die erleuchtet werden durch das menschgewordene Wort Gottes. Auch sie wurden getrieben von der Sehnsucht nach dem Herrn und auch ihr Suchen steht in enger Verbindung mit dem Licht, hier dem Licht des Sternes, der den Weg weist. Diese Suche der Sterndeuter wurde zum Vorbild *par excellence* für das pilgernde Gottesvolk, die Kirche. Hunderttausende machten sich beispielsweise 2005 auf den Weg nach Köln zum Weltjugendtag, um mit den Heiligen Drei Königen in Christus das Licht der Welt anzubeten und zu verehren.

Ein Satz aus der Perikope des Dreikönigsfestes hat für mich eine wichtige Bedeutung, denn er nimmt jeden von uns ganz persönlich in die Pflicht. Da heißt es nämlich, dass die Weisen nach der Begegnung mit dem Kind »auf einem anderen Weg heim in ihr Land« (Mt 2,12) zogen. Dieser unscheinbare Nebensatz enthält aber eine große Tiefe, denn die Begegnung hat die Weisen nachhaltig verändert und bereichert. Die Sehnsucht, die sie diese wahnwitzige Reise hat unternehmen lassen, ist erfüllt worden durch das Licht des Herrn, das ihnen die Augen des Herzens aufgerissen hat. Sie haben einen jüdischen König gesucht und fanden den Herrn.[30] Diese Begegnung lässt sie zum neuen Leben kommen, sie sind nicht mehr dieselben. Es ist ihnen nicht möglich, nach der Begegnung mit dem Gotteskind, dem Licht der Welt und der Herrlichkeit für alle Völker, wieder ihrer normalen Wege zu gehen. Der Weg des Lebens geht nun anders, reicher, sinnvoller weiter. Sie sind anders von Jesus weggegangen, als sie zu ihm hingekommen sind, nichts ist, wie es war. Sie gehen als Zeugen der Herrlichkeit Gottes, die sich tief in Herz und Seele eingebrannt hat, in ihre Heimat zurück und sie werden von diesem Licht gesprochen haben und wurden somit schon lange vor Paulus in einem ganz anderen Teil der Welt zu Aposteln des Lichtes Gottes; diese eine Begegnung hat es möglich gemacht. Wir dürfen nun jeden Tag diesem Licht begegnen, es feiern und besingen, es hören und in uns empfangen. Das sollten wir im Hinterkopf behalten, wenn wir an den Altar des Wortes und des Brotes treten, um den Herrn zu empfangen. Vielleicht können wir das Geschenk Jesu in seinem Wort und Brot noch tiefer erfahren, wenn wir die Sehnsucht der Weisen betrachten. Auch uns kann, wenn wir im Herzen darum bitten, geschenkt werden, einen anderen, besseren Weg weiterzugehen, als wir ihn bisher gegangen sind.

Bekehrung vom Gierigen zum Geber

Jesus selbst vollzog bekanntlich viele Heilungen und Dämonenaustreibungen und ließ diese als Zeichen stehen; oft folgt in der Schrift nur ein lapidarer Satz: Der Mann stand auf und ging heim (vgl. Mt 9,7). Jesus vollbrachte an den Menschen Zeichen, um zu zeigen, dass das Reich Gottes nahe oder bereits angebrochen ist. Dank erhielt er kaum, vielmehr brachte es ihm den Tod ein. Eine Begegnung hingegen ist berührend wie – im positiven Sinne – folgenschwer: die Begegnung Jesu mit Zachäus (Lk 19,1–10).

Ich stelle mir bei Zachäus immer einen kleinen fiesen Giftzwerg vor, dessen Gesicht verhärtet ist durch Geldgier und Menschenhass. Er war außen vor und keiner mochte ihn, denn als Jude kollaborierte er mit den römischen Besatzern; er hatte zwar viel Geld, doch er war allein. Vielleicht war es ihm egal, vielleicht war er eher vom Typ Einzelgänger. Aber irgendetwas schien ihn doch zu ziehen. Er muss wohl von diesem Jesus gehört haben. Im Kapitel vorher wird berichtet von der Heilung eines Blinden bei Jericho (vgl. Lk 18,35–43). Nach der Heilung heißt es: »Sogleich sah er wieder, pries Gott und folgte ihm. Und das ganze Volk, das zugesehen hatte, gab Gott die Ehre« (V. 43). Somit scheint sich Jesu Ruf schon bis Jericho verbreitet zu haben, denn in Jericho bildeten sich dort, wo Jesus war und lehrte, sofort Menschentrauben, denn alle wollten ihn hören (vgl. Lk 19,3). Weil er klein und gewitzt war, lief Zachäus voraus und setzte sich auf einen Baum, um das ganze Treiben besser sehen zu können. Da passiert das Wunder. Jesus geht nicht, wie erwartet, vorbei, sondern bleibt stehen und ruft Zachäus beim Namen. Dies traf ihn ins Herz, weil Jesus ihn genau dort treffen wollte. »Ich rufe dich beim Namen, mein bist du.« (Jes 43,1) Diese Verheißung, die Israel gilt, wird nun zur Erfahrung und zum Bekehrungserlebnis für Zachäus. Doch normalerweise wird sein Name entweder nur ausgespuckt oder in süßem Singsang genannt, wenn die Leute wuterfüllt über ihn sprechen oder ihm Honig ums Maul schmieren, damit er sie nicht ausbeutet. Der Name Zachäus bedeutet »der Gerechte«. Jesus schenkt ihm durch seinen Blick der Liebe einen Einblick in die wahre Gerechtigkeit Gottes, die jeden, der kommen will, mit offenen Armen empfängt. Jesus will durch die Nennung des Namens, durch die er sagt: »Ich kenne dich«, Zachäus seine wahre Lebensaufgabe und Lebenshaltung eröffnen: Mach deinen Namen zum Programm und lebe vor Gott und den Menschen als der Gerechte, der du sein könntest und von Gott her sein sollst. Jesus stellt ihn vor die Wahl und macht ihm durch seinen Blick der Liebe klar, was der Schreiber des Jakobusbriefes sagt: »Denn das Gericht ist unbarmherzig gegen den, der kein Erbarmen geübt hat. Barmherzigkeit aber triumphiert über das Gericht« (Jak 2,13).

Ein ganz ähnliches Motiv finden wir auch bei der Szene im Garten beim leeren Grab mit Maria (vgl. Joh 20,15). Es ist die Nennung des Namens, die Maria den Auferstandenen erkennen lässt. Von sich aus hat sie ihn nicht erkannt, weil sie bei sich und ihrer Trauer stehen geblieben ist, wie Zachäus stehen blieb bei seiner Selbstgerechtigkeit. Die Nennung meines Namens macht mich zu einem konkreten »Du« und setzt mich in Beziehung zu einem Gegenüber, zu Gott.

Jesus nimmt hier sozusagen einen Teil des Purgatoriums, des »Fegefeuers«, vorweg, indem er Zachäus mit echter Liebe konfrontiert und den Blick durch das dichte Unterholz des Egoismus und der Selbstgerechtigkeit freibrennt. Zachäus ist irritiert von dieser Begegnung, lässt sich aber von der Liebe, die ihm scheinbar ungerechtfertigterweise durch Jesus zukommt und ihm einen Spiegel vorhält, überwältigen. »Steig schnell herunter« (Lk 19,5) ist der Aufruf Jesu, vom hohen Ross der Selbstgerechtigkeit, aber auch der selbst gewählten Einsamkeit zu steigen und in das Leben der Gemeinschaft zurückzukehren – Zachäus kehrt um. Vielleicht kann Zachäus selbst nicht glauben, was er tut, denn er steigt herunter und kommt und merkt, dass der Boden der Liebe trägt, wenn man Vertrauen investiert und entgegenbringt. Die wahre und nicht berechnende Liebe hat die Furcht des Zachäus vor sich selbst und seinem Gegenüber Jesus vertrieben (vgl. 1 Joh 4,18) und auf der Basis des Vertrauens einen Neuanfang ermöglicht.

Jesus will aber mehr, er will auch bei ihm zu Gast sein. »Gast im Haus, Gott im Haus«, ist nicht nur ein schlesisches Sprichwort; es verifiziert sich in der Selbsteinladung Jesu, die ein Jude im Hinblick auf das hohe Gut des Gastrechts nicht ausschlagen kann. Im Übrigen war es verpönt, bei einem stadtbekannten Sünder und Feind des Volkes einzukehren; das war ja auch ein gewichtiger Vorwurf, der Jesus immer wieder gemacht wurde: »Der nimmt Sünder an und isst mit ihnen.« (Lk 15,2). Indem Jesus aus Liebe dem Ungerechten die Bekehrung zum Gerechten ermöglicht, setzt er auch ein Zeichen vor den Umstehenden. Sie alle wollten Jesus sehen, der kurz vor Jericho einem Blinden die Augen öffnete; nach diesem Wunder staunten sie und lobten Gott (vgl. Lk 18,43). Doch an diesem da, dem Zöllner, dem Kollaborateur, dem Sünder darf natürlich kein Zeichen gewirkt werden, in dem da kann doch nicht das Gottesreich schon angebrochen sein; dieser kann doch nicht ein Zeichen Gottes und Zeuge seiner Barmherzigkeit werden. All das schwingt in der Empörung der Leute mit: »Bei einem Sünder ist er eingekehrt« (Lk 19,7). Ist nicht sogar die Bekehrung des Zachäus in gewisser Weise die Fortsetzung der Heilung des Blinden in Jericho (vgl. Lk 18,35–43)? Jesus öffnete dem für die Liebe blinden Zachäus die Augen des Herzens und schenkte ihm so die Möglichkeit echter Umkehr.

Der Weg vom Baum zum Haus scheint Zachäus dann den Rest gegeben zu haben. Er erkennt im Spiegel der Liebe Gottes seine Sünden und seine Fehler, aber vor allem seine Berufung. Die Reaktion der Leute tut ihr Übriges: Ich bin ein Sünder, will aber kein Sünder sein, ich will das tun, was Jesus tut, ich will Erbarmen schenken und die Menschen auch mit dem Blick würdigen, mit dem dieser Jesus mich gewürdigt hat. Er hat mein Leben durch die Liebe geheilt, auch ich will Heil schenken und Barmherzigkeit, indem ich liebe. Ja, es ist wahr: »Die Liebe deckt eine Menge Sünden zu« (1 Petr 4,8). Das ist die krasse und lebensumwandelnde Erfahrung des Zachäus.

Jesus gibt diesem Zachäus seine Berufung, als Gerechter, als Sohn Abrahams zu leben und zu handeln. Jesus hat heil gemacht, was zerbrochen war, die Blindheit der Sünde mit dem Licht der Liebe geheilt. Jesus kam vielleicht gerade deswegen nach Jericho, um genau diesen Zachäus zu heilen, der fortan als Glaubender das Reich Gottes bezeugte. In den Augen der Menschen war Zachäus verloren, denn er hat sich in die Winkel der Sünde und der damit verbundenen Einsamkeit verkrochen. Doch Jesus geht eben auch in unsere verborgenen Winkel und in unsere dunklen Ecken hinein, dahin, wo kein Licht mehr hinkommen soll, weil wir uns vielleicht schämen. Doch wo wir uns noch darüber Gedanken machen, wie wir unsere Dunkelheit wohl am besten dort einsperren können, wo sie ist, ist Jesus schon längst in diese Dunkelheit hinabgestiegen, denn er »ist gekommen, um zu suchen und zu retten, was verloren war« (Lk 19,10).

Bruch und Heilung

Eine weitere Person möchte ich beleuchten, der Jesus das Leben gerettet hat, im wörtlichen und im übertragenen Sinne des Wortes (Joh 8,1–11). In Jerusalem beim Tempel brachten die Schriftgelehrten und die Pharisäer eine Frau zu Jesus, die wegen Ehebruchs gesteinigt werden sollte. Man wollte die Gunst der Stunde nutzen, Jesus direkt mit in eine Falle tappen zu lassen. Da das Gesetz gegen die Ehebrecherin steht und die Schriftgelehrten und Pharisäer sich auf dessen Seite wähnten, wollten sie Jesu Gesetzestreue auf die Probe stellen. Insofern lautet die verräterische Frage an ihn: »Was sagst du dazu?« (V. 5)? Doch Jesus kennt den wahren Hintergrund der Frage und hört den Unterton; so kontert er mit einem einfachen Wort und löst damit die Versammlung auf. Er entlarvt die wahren Ambitionen der heuchlerischen Religionsführer, belehrt alle Umstehenden und konfrontiert sie mit sich selbst und ihren eigenen Schattenseiten, und er bringt der Frau die barmherzige Liebe Gottes entgegen: »Wer von euch ohne Sünde ist, werfe als Erster einen Stein auf sie« (V. 7). Lassen wir uns dieses Wort einmal auf der Zunge zergehen: Ich behaupte, dass dieses Wort, ernst genommen und wirklich auf sich selbst bezogen, die Macht hätte, die ganze Welt zu verändern. Die Welt wäre gerettet, wenn jeder Mensch sich dieses einfache und klare Wort zu eigen machen würde. Im Credo bekennen wir, dass wir an den Richter der Lebenden und der Toten glauben. Wir sind nicht die Richter, Christus ist der Richter. Diese Haltung darf uns entspannen und wir können sagen: Gott sei Dank ist es so. Wir sind aber nicht nur nicht die Richter, wir können es gar nicht sein, denn der Richter ist der, der wirklich keine Sünde kannte, sich für uns aber zur Sünde gemacht hat, damit wir in ihm Gerechtigkeit Gottes würden (vgl. 2 Kor 5,21). Dies stellt Christus der Menschenmenge vor Augen und auch jedem von uns. Christus ist freilich auch der Richter – in der Beichte ist das auch eine der wesentlichen Rollen des Priesters, um diese Richterfunktion Christi zu wissen –, aber wie er richtet, wen er richtet und wann er richtet, entzieht sich unserer Kenntnis und unserer Verantwortung.

Denken wir nur daran, was Johannes über Jesus sagt im Wort von der Trennung von Spreu und Weizen (Mt 3,12), oder an das Gleichnis vom Unkraut unter dem Weizen (Mt 13,24–30). Wir sollen beides wachsen und stehen lassen; die Ernte ist nicht unsere Aufgabe – wir müssen nicht entscheiden, wer Spreu ist und wer Weizen. Dafür reicht unsere menschliche Kenntnis über andere Menschen niemals aus. Unsere Aufgabe besteht darin, zu helfen bei der Aussaat des göttlichen Wortes und die Frucht des Wortes durch unser Leben zu bezeugen.

Jesus nimmt am Ende auch der Frau nicht die Last ab, die Verantwortung zu übernehmen für ihr Fehlverhalten. Er nimmt nichts vom Gesetz weg (vgl. Mt 5,18) oder lässt mal fünf gerade sein; aber seinem Richterspruch geht die Barmherzigkeit voran. Erst hilft er der Frau auf die Beine und richtet sie wieder auf, damit er ihr in die Augen schauen kann. Er will mit ihr auf Augenhöhe sein und nicht auf sie herabschauen, denn Liebe kennt kein Oben und Unten. Dann erst, als er den Blick seiner barmherzigen Liebe in ihre Augen legen konnte, sagte er zu ihr den befreienden Richterspruch: »Geh und sündige von jetzt an nicht mehr!« (V. 11)

Wie ist diese Frau wohl von Jesus weggegangen? Erst treffen sie die Blicke der Abwertung und der Verurteilung, die wohl vor allem die Ungereimtheiten im Leben derer, die die Frau steinigen wollten, verdecken sollten. Ihr Leben steht auf der Kippe. Und dann das Wort der Barmherzigkeit: »Auch ich verurteile dich nicht: Geh und sündige von jetzt an nicht mehr!« (V. 11) Zwei Dinge nimmt sie mit ins Leben. Erstens: »Zieh zuerst den Balken aus deinem Auge. Dann magst du sehen, wie du den Splitter aus dem Auge deines Bruders herausziehst« (Mt 7,5) und: »Die Liebe deckt eine Menge Sünden zu« (1 Petr 4,8). Christus hat diese Frau bekehrt. Die Befriedigung, die keinen Frieden bringt, das pervertierte Verständnis von Liebe, das der Frau im Ehebruch begegnet ist, wird geheilt durch die wahre Liebe, die den Menschen im Blick hat und ihn nicht als Objekt bewertet, sondern als Subjekt wahr- und annimmt. Das ist der Blick der Liebe Gottes, von dem wir, wenn wir uns ihm aussetzen, schon in dieser Zeit und Welt Bruchstücke erfahren können. Solche Erfahrungen, solche Momente sind Sternstunden, man kann sie aber auch als Tabormomente bezeichnen; diese Begegnung mit Jesus ist für die Ehebrecherin sicher zu einem solchen Moment geworden.

Momente der Hoffnung

Tabormomente nennt man Momente, in denen man sich ganz intensiv von der Herrlichkeit und dem Licht Gottes umfangen und getragen weiß. Viel könnte man über dieses herausragende Ereignis im Leben nachdenken. In unserem Kontext hier möchte ich aber die Konsequenzen bedenken, die solche Momente in unserem Leben haben können. Für die Ehebrecherin, über die wir eben nachdachten, wird diese Begegnung mit Jesus vielleicht, noch dazu in einer äußerst dramatischen und lebensbedrohlichen Situation, ein solcher Tabormoment gewesen sein: Ein Moment von Gewissheit und Zuversicht, von echtem Leben und dem Wissen, getragen und geliebt zu sein. Ob diese Gewissheit beständig blieb und die Ehebrecherin vor Schlimmerem in der Zukunft bewahrt hat, wissen wir nicht. Aber wir wissen allzu gut aus unserem eigenen Leben, dass diese großartigen Momente schnell vergehen, und vielleicht auch unmittelbar ein schwarzes Loch nach sich ziehen können. Das, was auf dem Berg Tabor mit Jesus passiert ist (vgl. Mk 9,2–8), wird anfanghaft auch uns zuteil, wenn wir so ein Erlebnis haben dürfen. Solche Momente großer Gewissheit, geschenkt aus Gnade, können uns helfen, uns in anderen Zeiten nicht zu verlieren in der Angst und in der Orientierungslosigkeit. Auch wenn es in konkreten dunklen Momenten anders aussehen mag, dürfen wir uns erinnern an den Vorausblick, den wir bekommen durften. In allen Überlieferungen der Verklärung steht das Ereignis in unmittelbarem Zusammenhang mit dem Leiden Jesu, mit dem Kreuz. Sein Tabormoment geht der Passion voraus und gibt ihm die Kraft, den Weg zum Kreuz zu gehen. Weil Jesus Mose und Elija erscheinen und – explizit bei Lukas – das Gespräch auf sein Ende hingelenkt wird, welches das Kreuz ist, wird Jesu Leiden mit dem Heraustreten aus der Welt gleichgesetzt. »Das Kreuz Jesu ist Exodus – Heraustreten aus diesem Leben, Hindurchgehen durch das ›Rote Meer‹ der Passion und Hinübergehen in die Herrlichkeit, in die freilich immer die Wundmale eingezeichnet bleiben.«[31] Mose, der Gesetzgeber, und Elija, der Prophet, stellen die Hoffnung Israels auf den letzten, wirklich befreienden Exodus dar: auf die Passion Jesu. »Mit dem Verklärten sprechen sie über das, was sie auf Erden gesagt haben, über die Passion Jesu; aber indem sie mit dem Verklärten darüber sprechen, wird sichtbar, dass diese Passion Rettung bringt; dass sie von der Herrlichkeit Gottes durchdrungen ist, dass die Passion verwandelt wird in Licht, in Freiheit und Freude.«[32] Insofern wird die Verklärung auch für Jesus zu einem Tabormoment, weil vor dem schwarzen Loch der Passion die Herrlichkeit aufstrahlt, die ihn erwartet. Nach diesem Moment kann er anders in die Passion gehen, gestärkt mit der Bestätigung, dass er der geliebte Sohn des Vaters ist. Der Schatten der Wolke kann hier vielleicht als die Hand des Vaters gesehen werden.

Psalm 91 kommt mir in den Sinn: »Der du wohnst im Schutz des Höchsten, im Schatten des Allmächtigen weilst: Sage zum Herrn: Du meine Burg, meine Zuflucht, mein Gott, auf den ich vertraue!« Auf dem Berg werden die drei Jünger Zeugen dessen, was sie, indem sie Jesus nachfolgen, immer wieder erleben, wenn Jesus »in Vollmacht« handelt. »Auf dem Berg erfahren sie, dass Jesus selbst die lebendige Tora, das ganze Wort Gottes ist. Auf dem Berg sehen sie die ›Macht‹ *(dýnamis)* des in Christus kommenden Reiches.«[33] Das Trauma aber, das die Passion bei den Jüngern hinterlässt, die Konfrontation mit dem unendlichen Leid ihres Meisters, mit dem totalen Zusammenbruch all ihrer Hoffnungen und das Erkennen ihrer eigenen Schwachheit, die sich im Weglaufen und im Verrat ausdrückt, lässt sie diesen Moment vergessen. Der Herr selbst muss schließlich die Jünger auf dem Weg nach Emmaus von der Wahrheit überzeugen, die die Verklärung ihnen schemenhaft bereits aufgezeigt hat. Erst die Emmausbegegnung wurde für die Jünger zum wahren Tabormoment, der ihnen im wahrsten Sinne des Wortes Beine machte, das Evangelium von der Auferstehung zu erkennen, zu glauben und dann auch zu bezeugen. So wurde der ausgelaugten Traurigkeit der Sinn neuer Hoffnung eingepflanzt und ihr Glaube konnte ab diesem Moment auch zu einer neuen Quelle für sie und diejenigen werden, denen sie die Auferstehung verkündeten.

Das Ja der Maria

Ein Mensch hat durch sein Ja die Welt verändert und ist somit nicht nur zu einer Quelle geworden, die einer bestimmten Zeit Wasser des Lebens gegeben hat; durch das *Fiat*[34] Mariens ist die unüberbietbare Quelle des Heils der Welt erschlossen und geboren worden und sprudelt seitdem ununterbrochen für das Leben der Welt. Um Quelle zu werden, muss man sich selbst loslassen und sich in die Haltung des freien Gebens, der Hingabe einüben. Maria hat gefragt, sie ist mit sich zu Rate gegangen und hat schließlich dem »Fürchte dich nicht!« vertraut. Sie legte alle Furcht ab und ließ sich auf Gott ein. Ihr war klar, dass sie nie wirklich fassen kann, was der Herr ihr zumutet, doch sie wollte dem Heil zur Verfügung stehen. So wurde sie zur Zeugin des Heils schlechthin, auch wenn ihr klar war, wohl nie ganz verstehen zu können, was ihr widerfuhr. Vielleicht fühlte sie in der Nacht an der Krippe, was die Worte im Lied ausdrücken: »Ich sehe dich mit Freuden an und kann mich nicht satt sehen; und weil ich nun nichts weiter kann, bleib ich anbetend stehen. O dass mein Sinn ein Abgrund wär und meine Seel ein weites Meer, dass ich dich möchte fassen.«[35] Zu erkennen, dass ich Gott nicht annähernd fassen kann, ist das eine, aber sich selbst immer wieder loszulassen, um leer zu werden für das wahre Licht, um voll zu werden mit dem lebendigen Wasser, das hat uns Maria gezeigt – ihr *Fiat* ist die Schule der Gottsuche. In ihr hat unser Leben in Gott seinen Ursprung und durch ihr Ja seinen Anfang genommen.

Eines der großen Worte, die uns von ihr überliefert sind, ist die Anweisung »Was er euch sagt, das tut« (Joh 2,5). Wir können sicher nie Christus in seiner Fülle fassen, aber wir können durch die Meditation seiner Liebe, durch das Hören auf sein Wort und durch den Empfang seiner eucharistischen Gabe seinen Willen für uns erkennen. Maria hat ihren Leib und ihre Seele für den Herrn aufgerissen, um empfänglich zu sein, um ganz voll werden zu können von ihm. Aus dieser Fülle hat sie gelebt, und diese Fülle hat ihr geholfen, die großen Schmerzen zu ertragen, die ihr mütterliches Herz durch das Mitgehen des Weges Jesu bis zum Kreuz erdulden musste. Noch in der letzten Stunde Jesu war sie offen und durchlässig für den Willen des Herrn, dass sie den Auftrag annehmen konnte, die Jünger Christi in mütterlicher Liebe als Kinder anzunehmen. Dadurch erfuhr sie gleichsam eine zweite Mutterschaft: Die Kirche wurde ihr als Kind anvertraut, wir sind ihr als Kinder anvertraut. Das Mysterium ihres Lebens zu meditieren, kann eine große Hilfe sein auf dem Weg, Christus zu finden und ihn besser zu verstehen.

Wenn der Herr mich ruft, darf ich ihm vertrauen, denn er wird mich nicht über meine Kraft hinaus überfordern (vgl. 1 Kor 10,13). Maria zeigt uns die Haltung, mit der wir Christus unser Herz und unser Leben öffnen können. Ins Herz müssen wir ihn einlassen, ihn mit dem Herzen anschauen und seine Botschaft im Herzen betrachten, damit auch wir dem Vater als echte Freundinnen und Freunde (vgl. Joh 15,15) zur Verfügung stehen können. Das sollen wir im Herzen bewegen und darüber nachdenken und dann entschieden und aus vollem Herzen wie Maria sagen: Ja, mir geschehe, wie du es gesagt hast (Lk 1,38). Wenn wir uns so loslassen und dem Herrn übergeben können, dann wird er auch uns zu seinen Werkzeugen der Gnade machen und wir werden selbst zur Quelle werden, um unserer Zeit Wasser des Lebens geben zu können.

In der Enzyklika *Deus caritas est* formuliert Papst Benedikt folgendes Gebet, welches Maria bittet, uns Jesus zu zeigen, damit auch wir, gestärkt durch ihn, zur Quelle der Liebe für die dürstende Welt werden können.

»Heilige Maria, Mutter Gottes, du hast der Welt das wahre Licht geschenkt, Jesus, deinen Sohn – Gottes Sohn. Du hast dich ganz dem Ruf Gottes überantwortet und bist so zum Quell der Güte geworden, die aus ihm strömt. Zeige uns Jesus. Führe uns zu ihm. Lehre uns ihn kennen und ihn lieben, damit auch wir selbst wahrhaft Liebende und Quelle lebendigen Wassers werden können inmitten einer dürstenden Welt.«[36]

6.
Wir danken dir
für die Gnade des
priesterlichen Dienstes

Wir müssen uns hier noch einmal vor Augen führen, dass dieser Satz aus unserem Gebet seinen Ursprung im Weihejubiläum Benedikts XVI. hat, für welches er das Gebet verfasst hat. Es galt zu danken für 60 Jahre Treue im priesterlichen Dienst und für Gottes Gnade, die ermöglichte, diese Treue halten zu können. Für unseren Kontext möchte ich dieses Wort umfassender auslegen: »Wir danken dir für die Gnade der Sakramente.«

Wir sind als Christen durch unsere Taufe berufen, Zeichen der Gottesgegenwart in dieser Welt zu sein, denn durch den Empfang der Taufe nimmt Christus in uns Wohnung, nimmt konkret Gestalt in uns an und, wie Paulus es einmal sagt, wir ziehen ihn quasi als Gewand an, wir umkleiden uns mit ihm (vgl. Gal 3,27). Die Sakramente bewirken also die Gegenwart Gottes im konkreten Menschen. Wenn wir dies nicht glauben würden, wäre unsere christliche Existenz hohl, vor allem aufseiten derer, die sich durch die Priesterweihe in besonderer Weise sakramental an den Herrn gebunden haben, sich in der Eheschließung sakramental verbunden haben oder von Christus die sakramentale Lossprechung ihrer Sünden erbitten! Wozu wäre dies alles denn dann nötig?[37]

Insofern haben wir alle für die Kirche einen »sakramentalen Dienst« zu leisten, nämlich als Zeichen seiner liebenden Gegenwart in der Welt das Ursakrament, Christus selbst, zu vergegenwärtigen und existenziell zu bürgen für dessen Wirklichkeit. Dies können wir nicht aus uns, dies können wir nur aus Gnade. Vor allem haben wir kein Recht darauf, dies zu tun, denn der Auftrag durch Gott kommt uns durch unsere ureigene Berufung zu, die eben ein Geschenk seiner Gnade ist. Es gilt: Schenken können wir nur, weil wir zuerst empfangen haben.

Reich beschenkt

Solch eine Erfahrung wurde mir nachdrücklich auf einer sechswöchigen Fuß-Pilgerreise auf der *Via Francigena* von Lausanne nach Rom im Jahr 2018 zuteil. Viele Begegnungen mit Menschen in den Gemeinden, in die ich kam, aber auch mit anderen Pilgerinnen und Pilgern ließen mich ganz neu meine eigene Berufung und das Fundament meines Lebens erkennen. Eine Szene bleibt mir nachhaltig ins Herz geschrieben. In einer Pilgerherberge lernte ich einige jüngere italienische Pilger kennen. Man begrüßte sich und erzählte ein bisschen von der Tagesetappe, mehr aber auch nicht, denn in den Herbergen ist man ja vor allem zum Ausruhen und

Schlafen vor einem neuen Tagesmarsch. Ich bekam mit, dass zwei junge Italiener, beides offenbar Ärzte, ein Stück der Via Francigena gingen. Zwei Tage später und 70 Kilometer weiter traf ich diese beiden jungen Männer wieder. In der Pilgerherberge trafen wir uns und es wurde durch eine freiwillige Helferin für uns Pilger, wir waren 15 Personen, ein gutes italienisches Abendessen gekocht. Wir saßen alle an einem langen Tisch und unterhielten uns ausgelassen. Nach dem Essen fragte uns die Herbergshelferin, wo wir herkämen und was unsere Beweggründe seien zu pilgern; sie wollte einfach kurz einen Einblick haben, denn für sie heißt es schließlich täglich aufs Neue, Pilger zu begrüßen und zu verabschieden. So ging es reihum und nach vier Vorrednern stellte ich mich vor und sagte, dass ich Benediktiner und Priester aus der Abtei Maria Laach in Deutschland sei und nach zwölf Jahren im Kloster das große Geschenk bekam, diesen Pilgerweg gehen zu dürfen, um neu das Fundament meiner Berufung zu entdecken. Nachdem sich alle vorstellten, kam ein tolles Gespräch über aktuelle Themen zustande, die Flüchtlingswellen und deren Ursachen und Wirkungen und den Umgang mit denen, die sich, im Gegensatz zu uns Pilgern, unfreiwillig auf den Weg machen, weil ihnen Hab und Gut vor den Augen weggebombt werden oder sie womöglich wegen ihrer Religion Verfolgung fürchten müssen.

Nach dieser eindrücklichen Runde begab ich mich noch ein wenig an die frische Luft und traf die beiden Italiener. Der eine von ihnen sprach mich sofort an auf mein Mönch- und Priestersein, was er ja gar nicht gewusst und erst aus unserer Runde erfahren hatte. Er schien irgendwie berührt davon zu sein, was mich wiederum irritierte, vor allem aber freute.

So kamen wir darüber etwas ins Gespräch und ich war angetan davon, wieder einmal junge Leute zu treffen, die wirklich pilgerten und auf der Suche waren. Wir sagten schließlich »*buona notte*« und ich ging in mein Dreibettzimmer; die anderen Zimmergenossen waren noch unten am Erzählen. Es war nun gegen 23 Uhr, ich betete im Smartphone gerade die Komplet, als es klopfte. Ich war erstaunt, als jener Italiener seinen Kopf in die Tür steckte, sich entschuldigte und fragte, ob er beichten dürfe. Ich sprang natürlich sofort aus dem Bett, zugegeben etwas verwirrt und aufgeregt, allein schon wegen der Sprachbarriere. Es war ein tiefes Gespräch mit vielen Tränen. Mir fehlten am Ende sogar die Worte der deutschen Absolutionsformel und ich musste etwas improvisieren. Doch ich spürte, wie beim Auflegen der Hände und den Worten »So spreche ich dich los von deinen Sünden im Namen des Vaters und des Sohnes und des Heiligen Geistes« fühlbar etwas geschah, was nun auch mich wirklich aus der Fassung brachte. Nach einer Umarmung und einem herzlichen Friedensgruß ging nun jeder in sein Zimmer, dankbar und berührt über das Geschenk der tiefen Nähe Gottes, die uns beiden durch dieses Sakrament geschenkt wurde.

In diesem und in vielen anderen Momenten durfte ich spüren, wie Gottes Geist wirken kann und will durch das menschliche Wort, durch menschliche Gesten; ja, der Mensch darf zum Zeichen werden. Gott hat hier gewirkt, weil es eine Offenheit gab und den Willen, das Herz für den Herrn aufzureißen, um es von ihm berühren zu lassen. Solche Erfahrungen sind für jeden Menschen, der sein Herz Gott und den Menschen öffnet, Schritte des Lernens auf dem Lebens- und Glaubensweg. Es macht demütig und dankbar, angefragt zu werden, es macht demütig und dankbar, Gottes Wort in sich Raum zu geben und es auszusprechen, seinen eigenen Glauben zu teilen und mitzuteilen und so zu einem Helfer der Gottesbegegnung zu werden. Das geht aber nur, wenn man wirklich offen ist für Gott, und die Gefahr ist groß, sich selbst an die Stelle dessen zu begeben, der doch durch einen selbst der Handelnde ist, insbesondere bei der Feier der Sakramente als Priester.

Fataler Rollentausch

Genau hier setzt das erschütternde Faktum von geistlicher Gewaltanwendung und geistlichem Missbrauch des priesterlichen Dienstes an, und mir wird klar, wie schmal der Grat ist, auf dem man sich bewegt. Ist nicht jede Form von Seelsorge eine Brückenfunktion von Gott zum Menschen hin? Es kann doch jeder Mensch in dieser Hinsicht zu einem Brückenbauer werden in der echten Zuwendung zum Menschen vor allem dann, wenn Gott durch die Sakramente wirkt; um wie viel mehr gilt dies für den priesterlichen Dienst in der Feier der Sakramente.

Fatale Folgen hat es, wenn ich die Funktion des Brückenbauers mit dem verwechsle, für den ich sie baue, nämlich für Gott, denn er spricht durch den Priester in der Feier der Sakramente. Dort, wo ein Priester nicht mehr mit Gott in Kontakt ist, seine Rolle nicht mehr klar hat und nicht mehr zum Herrn sagt: »Rede, denn dein Diener hört« (1 Sam 3,9), da besteht die Gefahr, sich selbst zu verkünden oder gar seinen eigenen Willen zu platzieren. Der Priester vertauscht seine

Rolle mit der des Herrn, der ihn in den Dienst genommen hat, auf den er hören soll. Es besteht die Gefahr, die Menschen an sich selbst zu binden, den eigenen Willen, die eigenen Vorstellungen an die Stelle dessen zu setzen, was der Priester verkündigen soll. Hier entsteht plötzlich ein großes Machtgefälle, weil der Priester meint, das Wort Gottes, der Kern seines Verkündigungsauftrages würde nicht mehr ihm selber gelten, er sei von dem, was er verkündigen soll, ausgenommen. Dort, wo so etwas geschieht, wird zu Recht die Frage nach Macht und deren Missbrauch gestellt. Es entsteht nämlich der Eindruck, der priesterliche Dienst habe vor allem mit einer persönlichen Form von Macht zu tun, einer Macht, die den Priester auf eine Ebene hebt irgendwo zwischen Gott und die Menschen.

Wenn man den Priester früher Hochwürden nannte, dann doch deshalb, weil damit die hohe Würde ausgedrückt wurde, die ein Mensch hat, der sich Gott ganz zur Verfügung stellt. Außerdem sollte jeder Priester den hohen Anspruch dieses Ehrentitels an sich selbst anlegen und nicht darauf aus sein, von anderen so genannt zu werden. Denn wie armselig wäre der Priester ohne Gott, er wäre nur noch eine in schöne Gewänder gehüllte Puppe, die der Meinung ist, dass Kleider Leute machen – das Essenzielle aber würde fehlen.

In dem großen Aufschrei der Menschen, der auf die Aufdeckung des unerträglichen Missbrauchs durch geistliche und sexualisierte Gewalt endlich hörbar wurde, wird auch eine Sehnsucht sichtbar. Denn wenn das Gegenteil von Liebe die Gleichgültigkeit ist, würde niemand mehr schreien, vor allem keiner, der nicht persönlich von solchen Übergriffen betroffen wäre. Doch die Menschen schreien, sowohl die Opfer als auch jene, die schon lange der Kirche den Rücken kehrten und die trotzdem mitleiden. Drückt sich nicht in diesem Aufschrei und in der Wut auch eine tiefe Sehnsucht aus? Es ist die Sehnsucht danach, dass wenigstens an einem Platz in der Welt eine Wahrheit verankert ist, die bestehen bleibt in allen Umbrüchen der Zeiten. Und nun scheinen sich ausgerechnet jene, die für diese Wahrheit einstehen und sich gar mit ihr schmücken, gegen sie zu stellen, indem sie sie für ihre Zwecke entweiht haben und vielmehr ihren persönlichen Bedürfnissen nach Machtentfaltung Raum gegeben haben. Das ist die Perversion des Evangeliums und die Umkehrung all dessen, was Jesus den Seinen mit auf den Weg gegeben hat, letztlich ist es die Pervertierung der Sakramentalität der Kirche: Die lebendigen Zeichen der Gegenwart Gottes unter den Menschen werden zu Machtinstrumenten; Zeugen der Liebe Gottes in dieser Welt, Priester wie Ordensleute, spielen sich als die Herren und Herrinnen des Glaubens auf, bar jeder Würde, die sie nur durch die Gnade des Höchsten verliehen bekommen. Dabei zerstören sie auch noch das große und gute Werk so vieler Christinnen und Christen, unzähliger Priester und Ordensleute, die sich tagtäglich in der Kraft Gottes im Dienst an den Menschen verschenken.

Natürlich kann und darf man den Missbrauch geistlicher Ämter und Strukturen und die Tatsache sexualisierter Gewalt innerhalb der Kirche nicht verallgemeinern – trotz der erschreckenden Zahlen, die in den letzten Jahren ans Licht gekommen sind. Doch vielleicht hat die viel beklagte Verdunstung der sakramentalen Struktur unserer katholischen

Kirche, auch bei Theologen, Ordensleuten und Priestern, hier einen Anfang. Wenn die Sakramente, besonders das Sakrament der Weihe, vor allem unter dem Aspekt der Macht gesehen und diskutiert werden, dann hat das auch hier einen Ursprung und wir müssen uns fragen, wie wir Priester, wie wir Ordensleute die sakramentale Realität der Kirche vor den Menschen glaubwürdig bezeugen.

Vom Rechthaben

Vor Kurzem fiel mir ein Gedicht in die Hände, über das es sich in unserem Zusammenhang lohnt, etwas nachzusinnen. Das Gedicht stammt vom israelischen Lyriker Jehuda Amichai und trägt den Titel: »Der Ort, an dem wir recht haben«.[38]

An dem Ort, an dem wir recht haben,
werden niemals Blumen wachsen
im Frühjahr.

Der Ort, an dem wir recht haben,
ist zertrampelt und hart
wie ein Hof.

Zweifel und Liebe aber
lockern die Welt auf
wie ein Maulwurf, wie ein Pflug.
Und ein Flüstern wird hörbar
an dem Ort, wo das Haus stand,
das zerstört wurde.

»Recht haben« kann hier durchaus in zweifacher Hinsicht verstanden werden. Erstens kann ich recht haben im Sinne einer Gewissheit, die ich mir selbst zuspreche: »Ich weiß, dass ich richtig liege«. Kennen wir solches »Rechthaben«? Kennen wir auch Rechthaberein, die uns hinterher peinlicherweise um die Ohren fliegen? Ich bin mir bei einer Sache so sicher, dass ich nichts gegen meine Meinung kommen lasse, kein Argument kann mich vom Gegenteil dessen überzeugen, was ich für richtig halte, andere Meinungen schon gar nicht! Und dann kommt der Moment, der mir den Gegenbeweis bringt. Tatsächlich gibt es Leute, die sich nie überzeugen lassen… Allerdings kann es ja auch sein, dass ich recht habe; dafür bilden wir uns, wir lernen und studieren, damit wir Wahrheit erfassen, verarbeiten und wiedergeben können. Wenn ich allerdings immer recht haben will, kann ich auch Boden zertrampeln und verhindern, dass Blumen wachsen und Frühling werden kann, vor allem, wenn man in einer familiären oder klösterlichen Gemeinschaft lebt, in einem Team arbeitet oder mit Freunden zusammen ist.

Zweitens gibt es auch das Recht, das mir passiv zukommt. Das Recht des Gesetzes schützt mich und meinen Lebensraum, das Grundgesetz oder die Menschenrechte stehen da an erster Stelle. Das Recht schützt meine Ansprüche und regelt verschiedene Interessenslagen. Im schlimmsten Fall muss ich mein Recht vor Gericht – da steckt das Wort auch drin – einklagen. Viele Menschen auf dieser Welt kämpfen um ihre Rechte, weil sie ihnen von Regimen, Machthabern oder Terroristen nicht zugestanden werden. Wenn andere mich meiner Rechte berauben, verhindern sie Wachstum von Liebe, sodass Blumen nicht wachsen und Kälte ist statt Frühling.

Auch die Kirche hat Menschen verschiedentlich bestimmte Rechte abgesprochen, wie das Recht der Selbstbestimmung oder der freien Religionsausübung; auch das Recht der freien Meinungsäußerung oder der moralischen Gewissensfreiheit wurde in der Kirche lange nicht wirklich geachtet. Beide Sichtweisen auf das Recht spielen in unserem Kontext hier eine nicht unwesentliche Rolle, ich werde später darauf zurückkommen.

Zeichen der Gottesgegenwart

Kommen wir nun zu den Sakramenten der Kirche. Diese lassen sich aus anthropologischer, aus christologischer oder aus ekklesiologischer Perspektive betrachten, also vom Menschen her, von Christus her oder von der Kirche her. Wichtig ist aber vor alledem, wie anfangs gesagt, dass sie immer ein Akt der Gnade sind und der göttlichen Barmherzigkeit entspringen. Unser Tun und Wollen ist insofern wichtig, als es unsere Sehnsucht nach dem Empfang der Sakramente ausdrückt. Das führt dann dazu, dass unser freier Wille und der Wunsch nach dem Empfang der Sakramente mit deren Geber korrespondiert, der Christus ist. Das ist ganz wichtig im Hinblick auf die Kirche und ihren Umgang mit den Sakramenten. Die Kirche ist eben nicht die Geberin der Sakramente, sondern deren von Gott eingesetzte Verwalterin. Dies möchte ich an einigen Beispielen in aller Kürze verdeutlichen.

1. Die Taufe ist von Jesus eingesetzt und er gibt der Kirche den Auftrag zu taufen als Zeichen der Zugehörigkeit zu ihm, dem Herrn: »Da trat Jesus zu ihnen, redete sie an und sagte:

Mir ist alle Gewalt gegeben im Himmel und auf der Erde. Darum geht und macht alle Völker zu Jüngern und tauft sie auf den Namen des Vaters und des Sohnes und des heiligen Geistes, und lehrt sie alles halten, was ich euch aufgetragen habe. Seht, ich bin bei euch alle Tage bis ans Ende der Welt« (Mt 28,18–20).

2. Die Eucharistie ist der Kirche übeliefert zum Zeichen der Gegenwart Jesu, zum erinnernden Vollzug seines Todes, seiner Auferstehung und Wiederkunft, zum Ausdruck von *Communio*, also Gemeinschaft in Christus, und zur Erfahrung der lebendigen Gegenwart des Herrn in der Mitte seines Volkes. Paulus schreibt: »Der Herr Jesus nahm in der Nacht, in der er verraten wurde, Brot, sprach das Dankgebet, brach es und sagte: Das ist mein Leib für euch. Tut dies zu meinem Gedächtnis! Ebenso nahm er nach dem Mahl den Becher und sprach: Dieser Becher ist der Neue Bund in meinem Blut. Tut dies, sooft ihr daraus trinkt, zu meinem Gedächtnis! Denn sooft ihr von diesem Brot esst und aus dem Becher trinkt, verkündet ihr den Tod des Herrn, bis er kommt« (1 Kor 11,23–26).

3. Die Beichte hat der Herr der Kirche übertragen, weil jede Schuld immer mich selbst, die Gemeinschaft mit Gott und die Gemeinschaft mit den anderen Gläubigen verletzt, denn wenn »ein Glied leidet, leiden alle mit« (1 Kor 12,26). Darum bekenne ich im Schuldbekenntnis der Messe nicht nur Gott, dem Allmächtigen, sondern *allen* Brüdern und Schwestern, dass ich Gutes unterlassen und Böses getan habe. Nur ausgesprochene Schuld kann vergeben werden, im Großen wie im Kleinen. Jesus hat das Wort von der Vergebung der Schuld durch Gott eindeutig stellvertretend an die Apos-

tel übertragen. Der Heilige Geist handelt durch das Wort der Vergebung aktiv an uns Sündern und richtet uns auf. »Als er dies gesagt hatte, hauchte er sie an und sagte zu ihnen: Empfangt heiligen Geist! Wem ihr die Sünden vergebt, dem sind sie vergeben, und wem ihr sie nicht vergebt, dem bleiben sie unvergeben« (Joh 20,22–23).

4. In der Ehe spiegelt sich die Liebe Gottes zu seinem Volk, der Kirche, wider. Ehescheidung, die im mosaischen Gesetz ausschließlich auf den Ehebruch, also auf eine rein sexuelle Dimension reduziert wird, kommt für Jesus einfach nicht infrage. Ehebruch bedeutet nämlich für Jesus einen »Bruch des Vertrauens und der Treue, die durch Gottes Treue ermöglicht werden soll«[39]. Jesus will durch seine Verkündigung den Willen Gottes, der der ganzen Schöpfung zugrunde liegt, wieder sichtbar machen. Gottes Bund soll für den Menschen zum heilenden Lebensraum werden, worauf man sich aber einlassen muss – Jesus geht es um die Gesinnung des Menschen in Bezug auf seine eigene Glaubwürdigkeit, nicht um ein korrektes und rechtliches Verfahren: »Jeder, der eine Frau begehrlich anblickt, hat in seinem Herzen schon die Ehe mit ihr gebrochen« (Mt 5,28). Walter Kasper sagt: »Jesu Wort ist ein prophetischer, ja messianischer wirksamer Zuspruch des Gnadenhandelns Gottes und eine Einladung, von der durch Gott gegebenen Möglichkeit Gebrauch zu machen. Die Menschen können dieses Gnadenangebot zurückweisen; Gottes Gnade bleibt dennoch bestehen; sie wird dann zum Gericht, zur Anklage gegen ihre Herzenshärte. Wenn sie sich aber im Glauben darauf einlassen, dann wird ihnen Gottes Bund zum heilsamen Lebensraum, zur Ermöglichung und zur tragenden Kraft für ihren menschli-

chen Bund.«[40] In der christlichen Ehe spiegelt sich die barmherzige Liebe unseres Gottes (vgl. Lk 1,78) wider, die sich in der liebenden und einander verschenkenden Annahme und immer wieder gewährten Barmherzigkeit zwischen den Eheleuten konkretisiert.

An diesem viel diskutierten Beispiel der Ehe und der Ehescheidung möchte ich noch eines kurz verdeutlichen. Auch meine Eltern sind geschieden; ich war damals 15 Jahre alt, meine kleine Schwester war 12. Es war natürlich nicht leicht für uns, vor allem, weil wir nichts mitbekommen haben, es gab keinen Streit oder Ärger, meine Eltern haben sich schlicht auseinandergelebt. Vielleicht hätten sie mehr kämpfen können für ihre Liebe und die Ehe, sich mehr engagieren müssen, aber letztlich war es in Ordnung so. Ich kann es heute gut nachvollziehen und bin damit im Reinen, wie auch meine Eltern es sind. Und trotzdem bleibt das Wort Jesu. Wir als Kirche müssen damit klarkommen, dass unsere Lebensrealität mit der Wirklichkeit der Gebote Jesu teilweise auseinanderdriftet. Die Frage ist aber, ob wir nun sozusagen durch die Hintertür die Gebote Jesu umdeuten und anpassen, oder ob wir uns offen und ehrlich unseren Schwächen stellen und Jesus fragen, wie er damit umgehen würde. Was also ich will, was ich für vernünftig halte, steht vielleicht dem Wort Jesu entgegen. Wäre es nicht manchmal besser, sich einzugestehen, Jesus nicht zu verstehen, als sich seiner Worte zu bemächtigen und sie so lange zu biegen, bis sie auf meine Lebenswirklichkeit passen?

Diese kurzen Ausführungen zu einigen Sakramenten der Kirche sollen genügen, um zu verdeutlichen, dass die Kirche im

Auftrag Jesu die Sakramente spendet und nicht aus sich selbst heraus. Nun feiert die Kirche aber nicht nur die Sakramente, die Kirche selbst ist sakramental, weil in ihr – und nur in ihr – die Sakramente wirklich zur Entfaltung kommen. Wenden wir unseren Blick nun also auf die Sakramentalität der Kirche selbst.

Die Kirche als Zeichen

Die Sakramente bezeichnete man früher gern als »Gnadenmittel« oder »Heilsmittel« der Kirche, was auch richtig ist. Aber das klang immer auch etwas dinglich und automatisiert: Einer »spendet«, ein anderer »empfängt«; in diesem Austausch von Geben und Empfangen wird Gnade weitergegeben. Man kann auch genau umschreiben, was zu einem Sakrament gehört: Äußere Zeichen, innere Gnade – *Accedit verbum ad elementum, et fit sacramentum*, sagt Augustinus.[41] Das Brot bleibt Brot, wenn nicht ein geweihter Priester, durch die Weihe mit dem Auftrag der Kirche betraut, *in persona Christi capitis* im vorgeschriebenen Rahmen die Konsekrationsworte spricht.

Heute wird gern mit den Begriffen Zeichen oder Symbol erschlossen, was die Sakramente sind: sicht- und hörbare Zeichen für das unsichtbare Wirken Gottes unter uns. Deshalb wird Christus als das Ursakrament bezeichnet: In seiner Menschwerdung ist der unsichtbare Gott sichtbar, hörbar, greifbar in unsere menschliche Geschichte eingetreten; er ist das Sakrament schlechthin; Christus ist das sichtbare Abbild des unsichtbaren Gottes. Die Kirche setzt dieses sakramentale

Zeichen fort, daher wird sie als Grundsakrament beschrieben: Wo Menschen sichtbar und hörbar in Jesu Namen versammelt sind, wird der unsichtbare Christus in sichtbarer Gemeinschaft gegenwärtig. In der Kirche als dem Leib Christi wirkt Gottes Gegenwart offenbarend, schenkend, heilend. Christus, das Ursakrament, ist die Hand Gottes, die dessen Barmherzigkeit in die Gemeinschaft der Kirche, das Grundsakrament, hineinreicht und fruchtbar macht. Insofern gehören die Sakramente zu den Grundvollzügen der Kirche, weil sie Gottes barmherziges Handeln an seinem Volk sichtbar und wirksam werden lassen.

Probleme und Herausforderungen

Diese Kurzdarstellung einiger Grundsätze der Sakramententheologie vor allem in Bezug auf die pastorale Sendung der Kirche, wie sie das Zweite Vatikanische Konzil in den Vordergrund rückte, stellt aber auch die Kirche vor neue Herausforderungen und Probleme. Der bekannte Priestermangel bringt es in vielen Landstrichen schon mit sich, dass Eucharistie- und andere Sakramentenfeiern und Sakramentalien nicht mehr regelmäßig oder gar nicht mehr angeboten werden können.

Das Ursakrament Jesus Christus wird gegenwärtig gesetzt in der Feier des Herrenmahles, in der Eucharistie. In dieser Feier konstituiert sich genuin die Gemeinschaft der Kirche, die durch sie bestärkt wird für den Dienst der Verkündigung und der Mission: »Denn sooft ihr von diesem Brot esst und aus dem Becher trinkt, verkündet ihr den Tod des

Herrn, bis er kommt« (1 Kor 11,26). In vielen Gemeinden sind mittlerweile bereits Wortgottesfeiern an der Tages- bzw. Sonntagsordnung, die manch ein Ortsbischof nur zähneknirschend zugelassen oder hingenommen hat. Dieses Zähneknirschen kommt aber nicht, wie oft angenommen, daher, weil die Bischöfe sich etwa sträuben, gottesdienstliche Feiern in die Hände von Diakonen oder Laien zu legen, sondern eben aus dem genannten Grund, dass sich die *Communio* der Kirche aus der Kommunion aufbaut. Es gilt: Seid das, was ihr seht, und empfangt das, was ihr seid – Leib Christi![42] So, wie das Brot zum Leib Christi verwandelt wird, so werden auch durch dessen Empfang die vielen Glieder zu einer Gemeinschaft zusammengefügt. Es gilt, neben allem berechtigten Suchen nach Gottesdienstformen ohne Priester die Sehnsucht nach der Eucharistie und der daraus erwachsenden Kirchengemeinschaft wachzuhalten, damit die Kirche als ganze oder eine einzelne Gemeinde nicht anfängt, sich selbst zu genügen.

Wo früher das Verhältnis von »Spender« und »Empfänger« zu sehr im Vordergrund stand, wo allein der Priester aktiv war, die Messe »las« und »wandelte«, da ist heute die Gefahr gegeben, dass wir diesen Mittelpunkt einnehmen. Die Mitte aber all unseres Feierns, unserer Gemeinschaft als Kirche ist allein Christus, um den wir uns versammeln. In dessen Auftrag repräsentiert der geweihte Amtsträger, der in der eucharistischen Feier Christus darstellt, nur das Haupt des Leibes Christi. Das heißt aber umgekehrt, dass Haupt und Leib zusammengehören und nicht getrennt voneinander agieren können.

Die Feiern der Sakramente gehören in die Gemeinschaft der Kirche, weil sie diese auch bezeichnen. Bei der Taufe beispielsweise wird ein Mensch in diese Gemeinschaft aufgenommen; bei der Eheschließung spiegeln eheliche Liebe, Treue und Fürsorge die Liebe, die Jesus für die Gemeinschaft der Kirche hat, wider. In der Beichte wird dem Menschen, der seine Schuld vor Gott trägt, vergeben im Heiligen Geist »durch den Dienst der Kirche«, weil durch die Sünde nicht nur das Verhältnis zu Gott in Schieflage gerät und der ganze Leib der Kirche verletzt wird, sondern auch das Verhältnis zur ganzen Gemeinschaft der Kirche. Somit ist die Beichte immer auch ein Weg der Heilung, der zurückführt in die Gemeinschaft der Getauften, von der man sich durch die Sünde abgesondert hat. In jeder Eucharistiefeier schließlich werden die Namen von Papst und Bischof genannt, um zu verdeutlichen, dass es sich um die Dankesfeier der ganzen Kirche handelt und keine Privatfeier eines einzelnen Priesters oder einer separaten Gruppe ist.

Die Kirche braucht eine fundierte Sakramententheologie, die sie nicht beliebig verändern kann, weil beispielsweise ein Mangel an Priestern herrscht. Diese Mangelerscheinung durch gelockerte Zulassungsbedingungen zum priesterlichen Dienst zu beantworten, würde nur Symptome und nicht die Ursache des Mangels behandeln. Und dieses Problem betrifft nicht nur die Amtsträger oder nur die Bischöfe: Das ganze Volk Gottes ist gefragt, sich zu hinterfragen und nach Lösungen zu suchen. Denn wenn dieses spezifisch katholische Verständnis der Sakramente nicht mehr da ist, bricht das Haus der Kirche schnell in sich zusammen. Außerdem wird immer wieder die Frage nach einer »Versorgung« von Gemeinden durch Priester laut; doch jede Gemeinde muss sich fragen, inwieweit in ihr ein

Klima herrscht, das junge Frauen und Männer einlädt, überhaupt über eine geistliche Berufung nachzudenken.

Wir müssen uns aber nicht nur fragen, was gegen den Priestermangel zu tun ist. Wir erleben einen noch drastischeren Gläubigenmangel. Wenn ein Priester in einer großen Pfarrei pro Sonntag drei bis vier Messen feiert und in keiner Messe mehr als 25 Gläubige mitfeiern, ist es doch fragwürdig, wie sich die kirchliche Gemeinschaft in diesen vier oder fünf Kirchen *einer* Pfarrei konstituieren soll.

Ich durfte 2015 am Bodensee eine Nachprimiz halten, die über meinen Vater, der dort wohnt, organisiert wurde. Die Kirche war voll an diesem Samstagabend. Hinterher sagten viele, wie schön es war, dass die Kirche so voll war. Ich antwortete, dass dies doch eigentlich jeden Sonntag möglich wäre, wenn nur alle kommen würden. Was ist mit dem Verständnis des Sonntags aufseiten der Gemeindemitglieder? Sicher ist mit dem sperrigen Wort von der Sonntagspflicht niemandem ein Gefallen getan. Dahinter steckt aber eine Frage, die sich jede Christin und jeder Christ stellen muss: Wie drücke ich meinen Dank gegenüber Gott aus, zur Gemeinschaft der Kinder Gottes gehören zu dürfen? Wie und wo finde ich einen Ort, in dem sich meine Zugehörigkeit zur Gemeinschaft der Getauften glaubwürdig ausdrückt? Dabei können freilich Zeiten variieren, etwa durch Messen für Früh- oder Spätaufsteher, für Familien oder für solche, die gern auch am späteren Abend gehen; in vielen Städten gibt es ein reiches Angebot. Doch der Sonntag als Herrentag, an dem sich die zum Herrn Gehörenden um ihn versammeln, der bleibt als Tag des gemeinsamen Dankes, der Ruhe und der Freude bestehen; er wird letztlich nur durch den Gottesdienst überhaupt zum Tag des Herrn.

Was aber, wenn das Verständnis für die Gegenwart von Gottes Barmherzigkeit in der Gemeinschaft der Kirche nicht mehr da ist? Wie kann dann noch wirkliche *Communio* entstehen? Viele Leute fahren hunderte Kilometer die Woche zum Arbeitsplatz, zum Sport, zum Einkaufen – die Kirche aber soll im Dorf gelassen werden. *Communio* heißt nicht bloß: mein Dorf, meine Pfarrei, meine Kirche. Das Ergebnis solch einer Sichtweise kann für alle Seiten schnell frustrierend werden. Dem gegenüber darf aber die Sehnsucht der Menschen, zu einer festen Gemeinde zu gehören, auch nicht unterschätzt werden; hier kommt der *sensus fidelium* zum Ausdruck, die Sensibilität der Gläubigen für einen festen Ort in einer konstanten Gemeinschaft. Es wird also auch weiterhin eine wichtige Aufgabe in sich verändernden Umständen sein, nach Räumen und Zeiten zu suchen, an denen Menschen als Gemeinde des Herrn am Herrentag zusammenfinden können.

Beichte als Neuausrichtung

Ähnliche Ambivalenzen lassen sich in Bezug auf das Sakrament der Versöhnung feststellen. Es ist *der* Ort schlechthin, wo mir Gott ganz konkret seine Barmherzigkeit zuspricht, mir verzeiht und mich aufrichtet. Gott sei Dank gibt es mittlerweile viele neue und gute Initiativen zur Beichte und es kann vielleicht eine Trendwende gelingen. Doch ist es frustrierend zu lesen, dass laut einer Seelsorgestudie, die in Deutschland von 2012 bis 2014 durchgeführt wurde, ca. 54 Prozent der Priester, 70 Prozent der Diakone und gar 90 Prozent der hauptamtlichen pastoralen Mitarbeiter weniger als ein Mal im Jahr oder gar nicht mehr zur Beichte gehen.[43] Ich frage mich angesichts dieser Zahlen, wie Priester, Diakone oder pastorale Mitarbeiter Kindern und Jugendlichen das Sakrament der Versöhnung nahebringen könnten oder wie man es erst einmal ihnen selbst wieder nahebringen kann. Denn es gibt ja auch immer wieder hoffnungsvolle Aufbrüche, die besonders jungen Menschen dieses Sakrament positiv und lebensbejahend nahebringen, die Initiative *Nightfever* sei hier stellvertretend genannt.

Hier würde auch die Frage nach der Seelsorge an Seelsorgern hingehören. Lassen sich Priester, Ordensleute oder pastorale Mitarbeiter geistlich auf ihrem Weg begleiten? Wo haben sie Räume, über ihren Glauben, aber auch ihre Zweifel zu sprechen, und wo können sie den Sorgen, von denen sie womöglich tagtäglich hören, Raum geben und ihren Ballast abwerfen? Es wäre so wichtig, dass gerade die, die die Sakramente spenden, selbst ihre Kraft an sich heranlassen und diese ausstrahlen, um sie womöglich auch Zweifelnden glaubwürdig schenken zu können. Es ist eine einfache Rechnung, die einem wohl jeder Werbefachmann bestätigen würde: Ich kann nichts verkaufen, wovon ich nicht selbst überzeugt bin. Und ich persönlich kann hundert Mal eine Werbung hören, ohne ein Interesse für das Produkt zu entwickeln; wenn mir aber eine Freundin das Produkt empfiehlt, ist das eine ganz andere Hausnummer. Ich finde, dass man das ganz gut auch auf die Seelsorge übertragen kann.

Beim Weltjugendtag in Krakau 2016 beispielsweise, an dem ich als Begleiter teilnahm, erlebte ich, wie sich unsere deutschen Jugendlichen die Frage der Polen und anderer Katholiken der Welt gefallen ließen: »Warum geht ihr nicht beichten, bevor ihr die Kommunion empfangen wollt?« Es kamen Diskussionen in Gang, und die vielen Beichtangebote für unsere deutschen Jugendlichen wurden tatsächlich vermehrt wahrgenommen; das Zeugnis der katholischen Jugendlichen aus anderen Ländern hat überzeugt und unsere deutsche Jugend zum Nachdenken angeregt, mehr als gehaltvolle Broschüren oder ein stylish aufgemachter Katechismus. Solch eine christliche Gesprächs- und Zeugniskultur kann womöglich auch Wunden heilen, die die Kirche sich selbst und ihrem Leib geschlagen hat durch eine jahrhundertelange und nicht selten fragwürdige Beichtkultur.

Der Mensch sehnt sich doch nach dem Zuspruch Gottes, nach der Erfahrung der barmherzigen Liebe, nach der Hand, die aufrichtet; diese Hand wird im Sakrament der Versöhnung gereicht und das sollte man wieder betonen. An diesen Beispielen kann aber auch noch einmal der Gläubigenmangel aufgezeigt werden: Wenn keine Gläubigen mehr da sind, die ihrer Sehnsucht nach der Feier der Sakramente Ausdruck verleihen, dann kann es noch so viele Priester geben – diese werden dann ja nicht gebraucht. Gibt es bei uns noch ein Verlangen nach den Sakramenten?

Die Chance der Sakramente

»An dem Ort, an dem wir recht haben, werden niemals Blumen wachsen im Frühjahr. Der Ort, an dem wir recht haben, ist zertrampelt und hart wie ein Hof.« Mit diesen Worten haben wir unsere Überlegungen in diesem Kapitel begonnen. Kommt uns die Kirche nicht oft so vor: ein harter und zertrampelter Hof, ein Frühjahr ohne Blumen? Doch als Volk Gottes tragen wir alle Verantwortung für die Kirche. Diese Verantwortung wird auch noch von vielen wahrgenommen. Doch wer die verschiedenen Diskussionen verfolgt, der trifft meist auf Menschen, die allesamt recht haben: Bischöfe, Priester, das ZdK, Gemeinden, die Medien, die Kritiker, Verbände, wir selbst vielleicht auch. Alle haben immer recht. Nur ganz selten kommen auch leise Hinweise darauf, mal wieder zu hören. Hinzuhören, was der Geist uns sagt – uns allen, also der Kirche. Am intensivsten kommuniziert der Heilige Geist mit seiner Kirche in der Feier der Sakramente.

Die Kirche ist nicht zuerst der Ort der Verbände, Ausflüge, Gemeindefeste, Sitzungen und Gremien, sie ist zuerst der Ort all derer, die durch Taufe und Firmung zum Herrn gehören. Die Kirche ist der Ort all derer, die sich haben herausrufen lassen vom Herrn, um das Reich Gottes in dieser Welt mit aufzubauen. Vom griechischen Wort ἐκκλησία (ekklesía) – die Herausgerufenen – leitet sich das Wort für Gemeinde ab. Die Kirche ist der Ort, wo sich Gottes unendliche Barmherzigkeit manifestieren will, nämlich mitten in seinem Volk, und das sind schließlich wir. Der Herr hat uns die Sakramente geschenkt, damit wir seine Barmherzigkeit erfahren: die Taufe, in der uns Gott als seine geliebten Kinder für immer annimmt; die Firmung, in der Gott uns mit der Kraft des Geistes salbt, damit wir mitbauen am Reich Gottes. Die Eucharistie, in der alle kirchliche Gemeinschaft ihren Anfang und ihren Ausgangspunkt hat – sie ist Quelle und Höhepunkt allen christlichen Lebens.[44] Gott schenkt das Sakrament der Ehe, in der sich seine Liebe zur Kirche widerspiegelt; die Krankensalbung, in der Gottes Gegenwart und Begleitung gerade in Grenzsituationen erfahrbar wird. In der Beichte nimmt sich Gott unserer Schwachheit an und will uns wieder auf die Beine stellen, damit wir den Weg des Lebens freier und in der Nähe zu ihm gehen können. In der Weihe schließlich nimmt sich Gott Menschen ganz zu eigen, damit sie als Zeugen seiner Gegenwart in dieser Welt Wegweiser zum Herrn sein können.

Wenn die Kirche die Sakramente nicht mehr feiert, dann hört sie auf zu existieren, denn die Sakramente sind ihr Lebenspuls. Und wenn die Gläubigen kein Verlangen mehr nach den Sakramenten haben, dann haben sie kein Verlangen mehr nach Christus, denn er hat die Sakramente eingesetzt als Zeichen seiner lebendigen Gegenwart mitten in seinem Volk. Und wenn wir nicht mehr an seine lebendige Gegenwart in dieser Welt glauben, ist all unser Feiern wie dröhnendes Erz oder eine lärmende Pauke (vgl. 1 Kor 13,1), denn dann glauben wir nicht mehr an die lebendige Liebe Gottes. Wir sehen, unsere ganze Existenz als Volk Gottes hängt an der Feier der Sakramente, denn nur von den Sakramenten her können wir uns überhaupt als Volk aufbauen lassen.

Barmherzige Liebe heißt im Hinblick auf die Sakramente immer Dialog: Gott spricht mit uns und will mit uns in Beziehung treten, die wiederum unserer glaubenden Antwort bedarf. Ein Wort Joseph Ratzingers, das er im Kontext der Eucharistielehre einmal schreibt, kann uns helfen, dieses dialogische Beziehungsgeschehen nachzuvollziehen: »Der Herr ist [in den Sakramenten] nicht anwesend wie eine naturale

Sache, sondern auf personale Weise und in der Zuordnung auf Personen hin … Daß solches Da-sein keinen selbstverständlichen naturalen Charakter hat, bedeutet positiv, daß es zu verstehen ist von der Weise her, in der Liebe allein anwesend sein kann als freies Sichgewähren und Sichschenken eines Ich an ein Du.«[45]

Auf menschliche Liebe hat man kein Recht, auf Geliebt-Werden schon gar nicht. Gottes Liebe zu uns ist dagegen garantiert und es ist nicht möglich, aus dieser Liebe herauszufallen; er ist sogar »hinabgestiegen in das Reich des Todes«, um dort hinein lebendige Liebe zu bringen. Er liebt jedes seiner Geschöpfe und er sehnt sich danach, auch von seinen Geschöpfen geliebt zu werden. Als der Soldat die Seite des am Kreuze hängenden Jesus öffnete, flossen Blut und Wasser heraus, Zeichen für die Sakramente der Kirche. Aus Liebe hat sich Jesus für uns hingegeben und uns die Sakramente geschenkt als Vergegenwärtigung seiner Liebe; uns ist er in seinem Tod und in seiner Auferstehung zur Quelle geworden, damit wir das Leben in Fülle haben, nämlich Gottes reiche Barmherzigkeit. Er will, dass wir aus seiner Quelle schöpfen und er lässt uns diese Quelle in den Sakramenten immer wieder neu aufsprudeln. Und er beruft uns, auch andere Menschen hinzuführen zu dieser Quelle. Denn wer aus dieser Quelle einmal getrunken hat, der kann diese Barmherzigkeit Gottes nicht für sich behalten; er will vielmehr, dass alle Menschen zu ihr finden. Wir selbst können sogar für andere Menschen zur Quelle werden, die Wasser des Lebens gibt, wenn wir den Glauben überzeugt leben, weil wir uns haben stärken lassen, weil wir wissen, wo unsere Quelle ist. Ist das nicht eine gute Alternative zur Rechthaberei des Menschen?

Sind diese Aussichten nicht viel reicher und echter als der betonierte Hof meiner Überzeugungen? Der Lyriker Amichai meint vielleicht das, wenn er von dem Flüstern spricht, das hörbar wird an dem Ort, wo das Haus stand, das zerstört wurde. Es ist das Haus Gottes unter den Menschen, die Kirche, in der wir alle lebendige Steine sind, die sich formen lassen durch den Herrn in der Feier der Sakramente.

7.
Herr, segne uns und alle Menschen, die auf der Suche nach dir sind

Immer, wenn wir Mönche das Kloster verlassen, ist es Brauch, um den Segen des Abtes zu bitten. Einmal geht es natürlich darum, Bescheid zu geben, weil wir füreinander Sorge tragen und nichts im Verborgenen geschehen sollte, um uns selbst und die Gemeinschaft zu schützen, wie es eigentlich auch in jeder Familie mehr oder weniger üblich ist. Aber es geht beim Segen auch darum, Gott in das alltägliche Leben mit einzubinden: Der Gottesdienst beinhaltet den Segen, die Dienste in der Küche (RB 35) und der Dienst des Vorlesers (RB 35 bzw. 38) werden mit dem Segen begonnen und beendet, auch eine Buße wird mit dem Segen abgeschlossen (RB 44). Damit orientiert sich der heilige Benedikt stark am Alten Testament. Der Segen in der Familie, der Patriarchensegen, der Reisesegen oder der Prophetensegen – immer soll Gott mit im Boot sein, der Abraham und seinem Bund mit ihm den Segen verheißt: Ich will dich segnen und du sollst ein Segen sein (vgl.

Gen 12,2). Wir sollen selbst zum Segen werden, weil wir von Gott gesegnet sind!

Schon der Beginn der Bibel steht unter dem guten Wort des Segens, denn der Herr segnet gleichsam jeden neuen Tag: »Gott sah, dass es gut war« (Gen 1,10). Er sprach und Gutes entstand; und was damals gilt, das gilt auch heute.

Vor seinem nahenden Tod will Abraham seine letzte Mahlzeit zu sich nehmen und dann seinen Sohn segnen, was ihn gleichsam als Stammhalter legitimiert (vgl. Gen 27,7). Von Abraham geht Segen aus, wie die Verheißung sagt: »Abraham soll doch zu einem großen, mächtigen Volk werden, durch ihn sollen alle Völker der Erde Segen erlangen« (Gen 18,18).

Der Herr segnet auch die Orte des Gottesdienstes, des Opfers und der Hingabe (vgl. Ex 20,24); es braucht Orte der Begegnung mit Gott, Erinnerungsorte, Orte der Anbetung und des Gottesdienstes, Orte, von denen Segen ausgeht und Menschen sich aussenden lassen.

Im gleichnamigen Buch segnet Tobit seinen Sohn Tobias (vgl. Tob 5,17), bevor sich dieser mit dem Engel Rafaël und seinem kleinen Hund auf den Weg macht (vgl. Tob 6,1). Der Segen Gottes ist also allgegenwärtig in der Heiligen Schrift, alles Gute, Zukunftsträchtige, Heilschaffende soll mit dem Segen Gottes geschehen, ob in der Schöpfung, im auserwählten Volk, beim Gottesdienst oder in der Familie.

Gut sprechen

Das lateinische Wort für segnen, *benedicere*, hat noch eine weitere wichtige Bedeutung in der Benediktusregel. In dem

Kapitel über die Werkzeuge der geistlichen Kunst (RB 4) lesen wir beispielsweise die Aufforderung: »Die uns verfluchen, nicht auch verfluchen, sondern mehr noch sie segnen.« Hier spielt der wörtliche Sinn eine wesentliche Rolle: *Benedicere*: wohl sprechen, gut sprechen, über jemanden nichts Schlechtes reden, auch wenn er oder sie mir gegenüber anders handelt.

Von Gott sind wir gesegnet, um zum Segen zu werden. Gott spricht uns mit Namen an, er spricht Gutes zu uns. Lästern oder Fluchen hingegen erhöht mich über einen anderen Menschen, ich erhebe mich über andere; doch der Segen bringt Menschen auf Augenhöhe zusammen vor Gott. Wenn ich jemanden segne, wünsche ich ihm, dass Gott in seinem Leben gegenwärtig wird. Die Bitte um Gottes Segen für jemand anderen, gar für einen Feind, ist eine hohe Form der Nächsten- und Feindesliebe. Das Gebet und der Segen können Mittel sein, eigene Wunden und Verletzungen zu heilen, weil man der Macht des Bösen, des Unguten, der Feindschaft nicht mehr hilflos ausgeliefert ist, weil man sein Leid, seine Probleme oder seinen Ärger in Gottes Hände legt und damit gleichzeitig denjenigen Gott anvertraut, mit dem man sich schwertut. Der Segen Gottes stellt dem Bösen das Gute entgegen.

Mir kommt eine Passage aus der Lebensbeschreibung des heiligen Benedikt in den Sinn. Abt Benedikt wird dort überredet, die Leitung der schwierigen Gemeinschaft in Vicovaro zu übernehmen. Dieselben Brüder, die ihn gedrängt haben, ihr Abt zu werden, wollen Benedikt schließlich wieder abservieren, weil er die Leitung wahrnahm und Missstände beheben wollte. Dann heißt es:

»Deshalb suchten sie nach einer Gelegenheit, ihn umzubringen. Sie berieten miteinander und mischten dann Gift in den Wein. Als das Glas mit dem vergifteten Trank nach dem Brauch des Klosters bei Tisch dem Abt zur Segnung gebracht wurde, streckte Benedikt die Hand aus und machte das Zeichen des Kreuzes. Auf dieses Zeichen hin zerbrach das Glas, das in einiger Entfernung gehalten wurde, als hätte er nicht das Kreuz gemacht, sondern einen Stein auf das Gefäß des Todes geworfen.«[46]

Das beständige Gebet um das Gute und das Segensgebet können mir helfen, dass mein Herz in Liebe weit wird und das Ungute mich nicht mehr anficht, was mir im Gegenüber begegnet. Ich kann lernen, vielleicht die gebrochene und verletzte Seele zu sehen, die hinter dem unguten und verletzenden Verhalten eines Menschen steckt, oder kenne dies gar von mir selber. Und schaden kann mir diese Haltung schließlich auch nicht. Jesus sagt im Evangelium zu den Jüngern: »Wenn ihr in ein Haus eintretet, so sprecht zuerst: Friede diesem Haus« (Lk 10,5). Der Herr sendet die Jünger als Gesegnete aus, als Friedensboten; sie sollen wirklich Missionare des Friedens sein.

Dieser Friede wird sich, sofern er auf offene Herzen trifft, ausbreiten und wirksam werden. Wenn die Herzen aber verschlossen sind, wird er zum Friedensträger zurückkehren (vgl. Lk 10,6). Auch wenn der Vergleich ein wenig hinkt, so kommt mir doch die berühmte »Pascalsche Wette« in den Sinn: Wenn ich den Segen bringe, und er findet fruchtbaren Boden, habe ich meinen Auftrag von Gott gelebt und Gottes Segen gebracht; wenn er nicht angenommen wird, so schadet er aber weder mir noch meinem Gegenüber.

Segen als Wegbegleiter

Mit dem aaronitischen Segen ist uns eine uralte und wunderschöne Formel des Segens überliefert: »Der Herr segne dich und behüte dich! Der Herr lasse sein Angesicht über dich leuchten und sei dir gnädig! Der Herr erhebe sein Angesicht hin zu dir und schaffe dir Heil!« (Num 6,24–26). In diesem Segen sind der Name Gottes und die Geschichte Gottes mit seinem Volk zusammengefasst. Die konkrete Anrede suggeriert nicht irgendein Vielleicht, sondern eine Sicherheit: Gott wird dir mit seinem Segen nahe sein, denn er ist der »Ich bin da«. Gott ist den Menschen mit seiner Liebe nahe, bei Tag mit einer Wolke und in der Nacht mit leuchtendem Feuer (vgl. Ex 13,21). Sein Angesicht leuchtet denen, die sich seinem Schutz anvertrauen, denn »alle behütet der Herr, die ihn lieben« (Ps 145,20), und er wendet sich dem Gebet der Verlassenen zu, ihre Bitten verschmäht er nicht (vgl. Ps 102,18). Das Heil schließlich, das Gott verheißt, lässt keinen mehr verlassen sein; denn wenigstens der Herr steht an unsrer Seite, er, der spricht: Wenn dich auch Vater und Mutter verlassen, ich, der Herr, nehme dich auf und segne sich (vgl. Ps 27,10).

Der Segen am Ende der Eucharistiefeier ist der letzte Schritt eines liturgischen Dreischrittes. Wir empfangen erst das Wort Gottes, das der Herr selbst in unser Herz spricht. Wir hören, was Gott redet (vgl. Ps 85,9), und kommen in die Meditation des Wortes Gottes. Was sagt der Herr mir jetzt, mit seinen Worten, durch eine konkrete Geschichte, durch ein Gleichnis oder einen Dialog? Wo komme ich da vor, mein Alltag, meine Situation, meine Verwobenheit mit dem Ganzen? Ich bin eingeladen, nach Gottes Gegenwart in meinem Leben zu fragen, nach seinem Wort ganz konkret für mich. Was mir der Herr an Nahrung für das (geistliche) Leben mitgibt, konkretisiert sich dann zweitens ganz leibhaftig in der Feier der Eucharistie, in den Gaben von Brot und Wein. Wie das Wort Gottes durch das Ohr zum Herzen gelangt, so kommt, noch viel intimer und direkter, sein Leib zu mir durch die eucharistischen Gaben; nichts kann einem Menschen so nahe kommen wie das tägliche Brot, wie die Nahrung. Das Sinnbild ist klar: Gottes sakramentale Gaben sollen mich ganzheitlich ausfüllen, mich in- und auswendig stärken im Glauben und mir die Kraft geben, das gehörte Wort Gottes zu verinnerlichen und ihm schließlich im alltäglichen Leben Gestalt zu geben. Am Ende der Messe bleibt der Segen: Gott sendet mich als gestärkten und gerüsteten Menschen, wieder hinauszugehen, um am Reich mitzubauen. Geist und Leib wurden gestärkt, beide erhalten nun die Sendung in die Außenwelt, denn Gottes Wort und Sakrament empfangen wir nie nur für uns selbst, sondern um uns aufzumachen und Frucht zu bringen, damit unsere Frucht, das gelebte und konkretisierte Evangelium in der Welt, bleibt (vgl. Joh 15,16).

Hierbei ist zu beachten, dass wir, so gestärkt, selbst als Suchende Hinweisschilder für andere werden können. Denn weder durch Taufe oder Firmung noch durch die Weihe endet unser Suchen nach Gott. Der Mönch liest im letzten Kapitel der langen Regel, einen wichtigen Satz, der für jeden gilt, der nach dem Evangelium leben möchte: »Wenn du also zum himmlischen Vaterland eilst, wer immer du bist, nimm diese einfache Regel als Anfang und erfülle sie mit der Hilfe Christi. Dann wirst du schließlich unter dem Schutz Gottes zu den oben erwähnten Höhen der Lehre und der Tugend gelangen« (RB 73). Die Regel selbst sieht sich als Auslegung, als Präzisierung des Evangeliums im Kontext des Klosters. Der Satz könnte also auch lauten: Wenn du das Wort Gottes gehört hast, wer immer du bist, bleib nicht stehen; nimm es dir immer wieder zur Hand und versuche, es mit meiner Hilfe zu leben. Dann wirst du selbst die Verheißungen empfangen, die du gehört hast und denen du glaubst; klopfe an, ich werde dir öffnen. Wir bleiben also Suchende, auch als Glaubende. Vielleicht kann gerade unser Suchen für andere zum Wegweiser ihrer Gottsuche werden.

Verwirrte Hinweisschilder

Immer wieder kann man in spiritueller Literatur lesen, dass insbesondere geistlich lebende Männer und Frauen mit dem Wort »Hinweisschild« umschrieben werden. Auch wenn ich selbst immer einmal wieder auf dieses Wort zurückgreife, auch hier, stimme ich nicht ganz mit diesem Wort überein, denn es könnte suggerieren, dass ich tatsächlich wüsste, wo und vor allem wie der Weg verliefe.

Natürlich möchte ich mich bei einer Autofahrt darauf verlassen können, dass die Beschilderung stimmt oder mein Navi den Weg findet. Im geistlichen Leben ist es etwas anders. Kardinal Ratzinger wurde einmal gefragt, wie viele Wege es gibt auf dem Weg zu Gott. Und er antwortete: So viele, wie es Menschen gibt. Insofern ist ein persönliches Dasein als Hinweisschild immer etwas ambivalent. Doch es kann andere ermutigen, selbst den Weg zu suchen aus den Irrungen und Wirrungen dieser Zeit. Die Bibel in die Hand zu nehmen, Gottesdienste zu besuchen und vor allem mit Jesus zu sprechen sind auf jeden Fall Schritte in die richtige Richtung.

Da ja wir alle, die wir durch die Taufe zu Christus gehören, die Kirche sind, stehen wir auch alle ein für diese Kirche und tragen Verantwortung für sie. Das ist nicht immer leicht, auch für mich nicht. Manchmal könnte ich schreien vor Wut über so viel Chaos in der Kirche; nicht weil ihr Ruf geschädigt ist, sondern weil wir alle so sehr an dem vorbeileben, was Christus will. Am schrecklichsten ist zweifelsohne, dass sich Priester und Ordensleute über Jahre und Jahrzehnte die Macht dessen angemaßt haben, der von sich sagen kann, dass *ihm* allein alle Macht gegeben ist im Himmel und auf Erden (vgl. Mt 28,18), und vor den Menschen diese Macht für sich beansprucht und hemmungslos missbraucht haben. Und dann gibt es die vielen Spaltungen unter den Christen, die so oft den Eindruck vermitteln, dass es nicht mehr um Jesus Christus geht, sondern um die, die es besser wissen und können als er, der die Einheit ist und will (vgl. Joh 17,11). Können wir es denn besser? Was bringt uns beispielsweise ein Traditionalismus, der die Tradition oft auf ein Minimum der Kirchengeschichte reduziert, was bringen uns aber auch Aufrufe, Gottesdienste zu bestreiken und damit sich vom Herrn abzuwenden, der uns doch gerade die Feier der Eucharistie als *das* Zeichen seiner Gegenwart schlechthin aufgetragen hat?

Was bringt uns eine Aufspaltung in rechts und in links, in die Frommen und die Abgefallenen? Was bringen uns die Katholikentage auf der einen oder konservative Kongresse auf der anderen Seite, wenn sie uns nicht alle zum einen Christus führen? Jeden Sonntag sind wir doch vom Herrn selbst eingeladen, unsere christliche Freude zu feiern, sein Wort zu hören, es in der Eucharistie zu empfangen und dann fruchtbringend umzusetzen im alltäglichen Leben. Wenn wir damit wieder anfangen würden, wir, die 10 Prozent derer, die ja angeblich überhaupt nur noch in die Kirche gehen, dann könnten wir es auch schaffen, dass es in zehn Jahren vielleicht schon 20 Prozent werden, weil wir wieder anfangen, uns der einzigen und wahren Quelle zu nähern.

Diese Hinweise würde ich mir mehr von meiner Kirche wünschen. Sicher gibt es sie auch von vielen, die Christus wirklich suchen. Aber wird das wahrgenommen, steht das im Vordergrund, wenn wir an die Kirche denken oder von ihr hören? Durch die vielen Skandale der letzten Jahre sehen sich hohe Kirchenvertreter, in deren Haut ich freilich nicht stecken möchte, unter Rechtfertigungsdruck. Doch den komplexen Fragestellungen innerkirchlicher Themen (Zölibat, Frauen in der Kirche, der unbedingte Schutz des Lebens) wie auch gesellschaftlicher Themen (Krieg und Frieden, Geschlechtergerechtigkeit, Freiheit der Person und des Glaubens) können wir als Kirche nicht mit politischen Statements begegnen. Wir brauchen Antworten aus dem Glauben, denn allein hier liegt unsere Kompetenz. Sind denn die Bischöfe nicht die ersten Gottsucher ihrer Gläubigen? Sollten wir uns nicht alle auf dem Weg der Gottsuche helfen und inspirieren?

Wenn aber nun immer weniger Menschen wissen, was es mit der Dreifaltigkeit, der Auferstehung oder mit den Heiligen auf sich hat, um nur ein paar Schlaglichter zu nennen, wie sollen sie dann so manche kirchliche Antwort auf gesellschaftliche Themen verstehen? Wir Christen – und das scheint mir bis hinein in die Bischofskonferenz der Fall zu sein – meinen oft, es sei allen noch klar, auf welchem Fundament wir stehen und von welcher Position aus wir argumentieren, doch so ist es schon lange nicht mehr. Die beispielsweise zu Recht eingeforderte und immer noch weiter zu erkämpfende politische und gesellschaftliche Gleichstellung von Frau und Mann führt in vielen Diskussionen dazu, dass man meinen könnte, Frau und Mann seien auch einfach gleich. Wenn dann die Kirche von ihrer Warte aus argumentiert, rasseln oft gegensätzliche Positionen aneinander, weil die Argumentationsgrundlagen zu verschieden sind. Die christliche Sicht hat oft das Nachsehen, weil sie nicht mehr klar und bekannt ist, und wird dann mit Schlagworten wie »konservativ«, »hinterwäldlerisch« oder »realitätsfern« abgetan wird. Allerdings frage ich mich auch, ob wir als Kirche tatsächlich zu jedem Thema eine Position haben müssen. Vielleicht würde eine maßvolle Besinnung auf das Ureigene unseres Glaubens zu einer neuen Wahrnehmung der Kirche als Glaubensgemeinschaft führen, denn mir scheint, dass wir immer mehr als politische Organisation wahrgenommen werden. Warum hat die Kirche verlernt, »klare Kante« zu zeigen und das Spielfeld abzustecken? Wenn die Kirche wieder heiß oder kalt ist, um ein Bild aus der Johannesoffenbarung zu gebrauchen (vgl. Offb 3,15–16), dann kann sie auch Menschen helfen, deren Leben – verschuldet oder unverschuldet – lau geworden ist. Wir brauchen und müssen nicht so tun, als ob die Menschen keine Verantwortung für ihr Leben tragen; vielmehr können wir durch die authentische Verkündigung dessen, was Jesus im Evangelium sagt, Menschen helfen, für sich und ihr Leben auch Verantwortung zu übernehmen. Das heißt aber gerade nicht, Menschen auszugrenzen oder wegzustoßen, sondern sie, wie Jesus es getan hat, in ihrem Suchen, in ihren Lebensrealitäten ernst zu nehmen. Das wird aber nicht mit der Frage klappen: »Wie hätten Sie's denn gern?«, vielmehr braucht es vielleicht die Aufforderung: »Komm und sieh! Du wirst Großes sehen« (vgl. Joh 1,46.50). Diese Aufforderung kann aber nur authentisch sein, wenn sie begeistert und stimmig ist und man am Ende auch wirklich was zu zeigen hat. Und ich meine, das haben wir als Kirche, nämlich Jesus Christus selbst.

Ich habe am Anfang gesagt, dass ich über das Dankgebet von Papst Benedikt erstaunt war, weil es 60 Jahre des priesterlichen Dienstes in Bezug auf Christus thematisiert und nicht auf Ämter und Aufgaben, die er verantwortlich innehatte. Wenn die Menschen den dreieinen Gott nicht mehr kennen, dann müssen wir Christen davon sprechen und verkünden, was uns bewegt; und wenn wir selbst nicht genau wissen, wie wir diesen Gott beschreiben oder glauben sollen, sind wir eingeladen, mit anderen Glaubenden und vor allem mit Gott darüber ins Gespräch zu kommen. Ich bin fest davon überzeugt, dass wir, wenn wir mit Gott ins Gespräch kommen, echte Kapazitäten in uns freisetzen, die uns befähigen, auch vor anderen von Gott zu sprechen. Vielleicht werden wir sogar gerade wegen unserer Fragen und Zweifel ernst genommen von

Menschen, die auch Fragen und Zweifel haben und durch uns merken, dass das in Ordnung ist und dass sie nicht allein sind – denn wer glaubt und sucht und fragt, ist nicht allein. Warum soll ich anderen vorgaukeln, dass ich die Dinge des Glaubens verstanden hätte, denn das habe ich nicht! Ich persönlich habe aber eine Quelle finden dürfen, die immer sprudelt, immer mehr, für mich und für alle Menschen, schon lange vor mir, in der Gegenwart und auch in der Zukunft.

Dass aus dieser Quelle nicht immer Antworten sprudeln, macht mich zwar unruhig, aber es beunruhigt mich nicht. Und diese Unruhe hilft mir, nach mehr zu fragen und tiefer in sie einzutauchen, wie in ein gutes Buch oder in eine Freundschaft. Dieser Gott zieht mich an. Vor allem aber zeigt er mir, dass meine Unruhe bei ihm ruhiger wird und ich gelassener werde. Ich werde mir klar, hier geht es um mehr, um ganz viel, um das Geheimnis des Lebens. Gott begleitet mein Leben und darum ist es dynamisch; es ist dynamisch, weil ich ihn hören möchte, wenn er ruft, es ist dynamisch, weil ich ihn suche, wenn ich ihn nicht wahrnehmen kann; es ist dynamisch, weil ich immer wieder erfahre, dass er mir Stärke und Kraft verleiht, auch so manche Hürde zu nehmen und Dinge auszuhalten, die ich – momentan oder generell – nicht ändern kann. Aber er gibt mir auch Kraft, für ihn einzutreten, von ihm zu sprechen und aus ihm zu leben.

Papst Benedikt spricht in seinem Gebet immer wieder von Lebendigkeit. Wer aus dem Glauben lebt, der lebt dynamisch, denn er bewegt sich immer wieder zu der Quelle hin, aus der seine Lebendigkeit kommt. Diese Quelle ist der unendliche, unerschöpfliche und niemals endende Gott. Aus dieser Quelle sprudeln Leben und Kraft dessen, der mich für den Lebens- und Glaubensweg stärken will, der an meiner Seite geht, der mich durch lichte Höhen und dunkle Nächte begleitet, der mich zurückpfeift, wenn ich abhauen will, der wartet, wenn ich von einem Irrweg heimkomme, und der immer vor mir steht mit geöffneten Armen und mir aus unendlicher Liebe zuruft: Komm zu mir, ich will die Quelle deines Lebens sein.

Anmerkungen

1 Raniero Cantalamessa: *Komm, Schöpfer Geist*, Freiburg 2007, S. 97.

2 »Unruhig ist unser Herz, bist es Ruhe findet in dir, o Gott.« (*Confessiones* 1,1)

3 Ps 119,116; vgl. RB 58: »Nimm mich auf, o Herr, nach deinem Wort, und ich werde leben; lass mich in meiner Hoffnung niemals scheitern.«

4 Vgl. Michaela Puzicha: *Der Regel als Lehrmeisterin folgen. Aufsätze und Vorträge zur Benediktusregel*, St. Ottilien 2013, S. 127f.

5 Erklärung *Dominus Iesus* 9.

6 Vgl. Tomáš Halík: *Ich will, dass du bist*, Freiburg 2015, S. 171.

7 Im *Salve Regina* heißt es: »Zu dir rufen wir trauernd und weinen in diesem Tal der Tränen«.

8 Michaela Puzicha: *Der Regel als Lehrmeisterin folgen*, S. 351f.

9 http://de.radiovaticana.va/news/2016/07/30/papst_gebt_euch_nicht_mit_mittelmProzentC3ProzentA4ProzentC3Prozent9Figem_leben_zufrieden/1247791

10 *Antiphonale Monasticum*, Feria Sexta ad Laudes, S. 72.

11 *Römisches Messbuch. Kleinausgabe*, S. 259.

12 Christine Svinth-Værge Põder: *Doxologische Entzogenheit. Die fundamentaltheologische Bedeutung des Gebetes bei Karl Barth*, Berlin 2009, S. 219.

13 *Gotteslob* (1975), Nr. 222.

14 Vielleicht ist in diesem Sinne für Benedikt das Murren die schlimmste Art des Widerstandes (vgl. RB 40), weil es ungerechtfertigte und ungerechte Kritik ist, die übertrieben, heuchlerisch, egoistisch und unter Verkehrung der Wahrheit hinter vorgehaltener Hand oder gar offen und direkt dreist gesagt wird.

15 Michaela Puzicha: *Der Regel als Lehrmeisterin folgen*, S. 210.

16 Benedikt XVI.: Enzyklika *Deus caritas est* 7.

17 Benedikt XVI.: *Jesus von Nazareth*, Bd. 1, Freiburg 2007, S. 283.

18 Ebd.

19 In dieser Hinsicht ist Jesus also das Gegenbild zu den Hirten, gegen die Jeremia weissagt (vgl. Jer 23,1–2).

20 Ich der Meer und Himmel schuf
    Originaltitel: Here I Am Lord
    Text und Musik: Daniel L. Schutte
    Deutscher Text: Annegret und Walter Klaiber
    © 1981 Oregon Catholic Press
    Für D,A,CH: Small Stone Media Germany GmbH

21 Vgl. Benedikt XVI.: *Jesus von Nazareth*, Bd. 1, S. 311f.

22 Ebd.

23 Ebd., S. 313.

24 Joseph Ratzinger: *Jesus Christus heute*, in: *Internationale Katholische Zeitschrift Communio* 19 (1990), 56–70.

25 Paulus sagt:»Denn ich tue nicht, was ich will, sondern was ich hasse, das tue ich« (Röm 7,15b).

26 Joseph Ratzinger: *Jesus Christus heute*.

27 Ebd.

28 Benedikt XVI., *Jesus von Nazareth*, Prolog, Freiburg 2012, S. 91.

29 Ebd., S. 92.

30 Die Tradition der Kirche deutet in den Gaben der Könige den Gott-Menschen Jesus. So steht das Gold für die Königswürde, der Weihrauch für die Gottheit Jesu, und die Myrrhe als Mittel zur Einbalsamierung eines Leichnams deutet den Tod Jesu an.

31 Benedikt XVI.: *Jesus von Nazareth*, Bd. 1, S. 359.

32 Ebd.

33 Ebd, S. 365.

34 Das Wort *Fiat* ist die gläubige Antwort Marias auf das Wort des Engels hin, dass sie ein Kind, den Sohn des Höchsten, gebären wird. Die wörtliche Übersetzung des Konjunktivs »es möge geschehen« drückt die Freiheit auf den Anruf Gottes hin aus, aber auch das Unvermögen, das Geschehen wirklich zu begreifen. Sie vertraut der Anfrage Gottes in voller Freiheit, aber auch in tiefem Glauben.

35 *Gotteslob* (2013), Nr. 256.

36 *Deus caritas est*, Nr. 42.

37 Paulus erläutert dies anhand des Glaubens an die Auferstehung im 1. Korintherbrief und stellt die »Wenn-Frage«. Wie auch die Spendung der Sakramente, wäre überhaupt die ganze Verkündigung des Evange-

liums hinfällig: »Wenn aber von Christus verkündigt wird, dass er von den Toten auferweckt wurde, wie können dann etliche unter euch behaupten: Eine Auferstehung der Toten gibt es nicht? Wenn es keine Auferstehung der Toten gibt, ist auch Christus nicht auferweckt worden. Ist aber Christus nicht auferweckt worden, dann ist damit auch unsere Verkündigung nichtig und nichtig ist euer Glaube. Dann aber stehen wir auch als falsche Zeugen Gottes da, weil wir gegen Gott Zeugnis dafür abgelegt haben, er habe Christus auferweckt, während er ihn doch nicht auferweckt hat, wenn keine Toten auferweckt werden. Denn falls keine Toten erweckt werden, so ist auch Christus nicht auferweckt worden. Ist aber Christus nicht auferweckt worden, dann ist euer Glaube unsinnig, dann seid ihr noch in eueren Sünden. Folglich sind auch die in Christus Entschlafenen verloren. Wenn wir weiter nichts sind als Leute, die nur in diesem Leben ihre Hoffnung auf Christus gesetzt haben, sind wir die bedauernswertesten unter allen Menschen. Nun aber ist Christus von den Toten auferweckt worden als der Erste der Entschlafenen.« (1 Kor 15,12–20).

38 Jehuda Amichai: *Zeit. Gedichte*, Frankfurt am Main 1998, S. 21.

39 Vgl. Theodor Schneider: *Zeichen der Nähe Gottes*, Mainz 1979, S. 298.

40 Walter Kasper: *Zur Theologie der christlichen Ehe*, Mainz 1977, S. 54.

41 Das Wort tritt zum Element hinzu und es wird Sakrament.

42 Augustinus: Predigt 272 an die Neugetauften über das Sakrament.

43 Erste Ergebnisse der Seelsorgestudie (Stand 30.04.2015), www.seelsorgestudie.com, S. 6.

44 *Lumen gentium*, 11.

45 Joseph Ratzinger: *Das Problem der Transsubstantiation und die Frage nach dem Sinn der Eucharistie*, in: *Theologische Quartalschrift* 147 (1967), S. 154.

46 Gregor der Große, *Dialoge* II, 3,3–4.